光文社知恵の森文庫

岡崎武志

蔵書の苦しみ

光文社

※本書は『蔵書の苦しみ』（二〇一三年、光文社新書）を加筆修正して文庫化したものです。
※第一話〜第十四話については、特に記述のあるものを除いて、基本的に二〇一三年時点でのデータをもとに文章を作成しています。

（編集部）

『蔵書の苦しみ』目次

第一話　蔵書が家を破壊する

あるはずの本を買うはめに

「どうしてこうなってしまったのか　心に痛みを感じながら」——吉田拓郎の歌「淋しき街」のフレーズが今の自分の気持ちにぴったりくる。心が痛むのは、わが蔵書の現状に、である。本が増え過ぎてしまったのだ。

本棚におさまったのとほぼ同量の本が、階段から廊下、本棚の前、仕事机の周辺などにはみだし、積み重なっている。おかげでちょっと移動するのも一苦労。床に散らばった本と本との間の、わずかな空間に片足を踏み入れないと前に進めない。そして前に進むと、積み重なった本の塔がばたばたと崩れ落ちる。

それでも空間を見つけられたら、まだいいほうだ。見つけられないと、本を踏み越えて移動することになる。本を踏むなんて、書評を生業《なりわい》とする者にとってあるまじき行為にちがいない。それが、いつの間にか平気で踏んでしまっている。罰があたったのか、足が滑り、踏みつけた本のカバーが破れて「ああっ！」、本体を取り出した後の函《はこ》を踏み壊し「ああっ！」、開いたページがぐしゃりと折れ曲がり「あぁっ！」と、それは大変な騒ぎとなる。

最近では、探している本の見つかる確率が右肩下がりに悪くなったので、結局あるはずの本を図書館で借りてきたり、また本屋で買いなおすことも珍しくなくなった。危ないのは、そうして買ったり借りたりした本が、蔵書の波に呑まれ、〝海底深く〟に沈んでしまうことである。いつ、図書館から督促状が届くかと、びくびくして暮らすことになる。

理想の蔵書空間のはずが……

大学に入学して、京都で一人暮らしを始めたとき、部屋は四畳半だった。それが六畳になり、八畳のマンションになり、途中、一軒家に一人で住んだこともあったが、これは例外で、徐々に読書環境を広げ、それにつれて、本の数も増えていった。四十代半ば（長期ローンの返済にはぎりぎりの年齢）にして一国一城の主《あるじ》となった。十数年前に、二階建て二十一畳分の地下室つき建て売り住宅を購入したのである。

これで、しばらく蔵書の悩みはなくなると思った。誰もがうらやむ読書環境を手に入れたし、これからは、本で苦しむこともない、と思っていた（もっとも、大変な借金を背負うことになったのだが）。それが、このありさまである。

いくら本が多くても、本棚におさまっているかぎりは、いつでも検索可能な、頼もしい〝知的助っ人〟となる。それが、本棚からはみだし、床や階段に積み重なり始めたとたんに、融通のきかない〝邪魔者〟になっていく。

そして、やがて抑えがきかなくなると、氾濫《はんらん》は〝災害〟の域にまで達する。今のところ、氾濫は地下に留《とど》まっているからいいようなものの、やがて一階部分を侵蝕し、それでも飽き足らず、階段を伝って二階にまでせり上がってくると、本当に〝大惨事〟となる（その後、ついに一階まで本が占領し始めた）。

夢の蔵書空間が
いつの間にか悪夢に…

〝底抜け男〟事件

十数年ほど前にこんな〝事件〟があった。都内の木造アパート二階に住む男性が、部屋に雑誌を大量に溜め込んで、床をぶち抜いたのである。これはニュースにもなったので、ご記憶の方もいるだろう。マルセル・エイメの短編小説に、壁を自由に通り抜けられる男を描いた「壁抜け男」があるが、こちらは〝底抜け男〟。

男性は当時五十六歳だったから、現在（二〇一七年）の私はその年齢を超えてしまった。とても他人事《ひとごと》ではない。彼は、抜けた床や大量の雑誌とともに一階へと落下。まるでドリフのコントだ。けれども、大したケガもなく、二時間後には無事救出されたという。

災難だったのは、直下の一階に住んでいたご老人。まさか、天井から本と人が降ってくるとは……。ただ、このご老人も、事件が起こる前から天井（つまり二階の床）に異常を感じ、近くの警察署に相談に行っていたため、間一髪危うく難を逃れた。想像すると、天井がミシミシと音をたて、いまにも落ちてきそうな気配があったのだろう。これは怖かったでしょうね。

この事件を報じた週刊誌の記事には、二階より落下した大量の雑誌が散乱する、ご老人の部屋の写真が載っていた。〝底抜け男〟もよくぞこれだけの量を溜め込んだものだ。もっとも、この男、蔵書家やコレクターというより、単なる無精者だったらしい。

ふつうの人にとって、この事件は、格好の酒の肴《さかな》になったかもしれないが、私にとっては、とても笑える話ではなかった。私だけではない。同じ〝蔵書の苦しみ〟を抱える仲間との会話で、話題がこのニュースに及ぶと、お互いに顔を見合わせ、「最初にニュースを聞いて、あんたのことかと思ったよ」「いや、キミこそ」という、苦笑まじりのやりとりになった。

その後、この〝底抜け男〟がどうなったのかわからない。家屋を損壊させ、ましてや他人に危害をあたえかねない状況を引き起こしたのだから、何らかの罪に問われただろう。これで懲りればいいが、無精者ゆえ、またどこかで同じことを繰り返していないとも限らない。もっとも、床が抜けるほど本を溜め込む男の気持ちは、じっさいに床をぶち抜いてみないことにはわからないだろう。

——そんなことを考えながら、私は日々同様の事件が載っていないか、新聞の三面記事に目を凝らしている。

蔵書で床を抜いた著名人

「僕の父親は物書きだった。父の書斎は本でいっぱいだった。本棚からあふれた本は机の上にも、床にも積まれていて、ある時床が抜けて部屋が傾いた。玄関にも本があふれていた」

この「父親」が誰のことか、文章を書いた「僕」が誰か、わかるだろうか。「物書き」の父親、とわざわざ断るのだから、どうやら「僕」は同業者ではない。ただ、こうして文章を発表しているところを見ると、なんらかの分野で名を成した人にも思われる。

答えを明かすと、「父親」とは、哲学者でエッセイストだった串田孫一《くしだまごいち》（一九一五―二〇〇五）。「僕」は、串田和美《かずよし》。一見、女性みたいな名だが孫一の長男で、俳優・演出家として知られている。「ものすごく気になる」（「ヨムヨム」二〇一〇年七月号）というエッセイによれば、孫一の子どもたちは、父親の書斎に足を踏み入れてはいけないことになっていたという。しかし、するなと言われればやりたがるのが子どもの常で、親の言いつけを破って、時々こっそり忍び込んだ。そこには、おびただしい数の本のほかに、「天体望遠鏡や、昆虫の標本や、気圧計のようなものや、顔が描いてある椰子《やし》の実」など、不思議なものがたくさん詰まっていたという。「まるで魔法使いの仕事場のようだった」と和美は書く。

そして、ついに「魔法使いの仕事場」の床は抜けたのである。

私は床が抜ける前の書斎を写真で見たことがある。和美が書くように、本以外のものがたくさんあって、好きなものに囲まれた居心地のいい空間、という印象だった。いくら立派な本がたくさん並んでいても、本だけしか置かれていない書斎はつまらない。絵の一枚も架かっていない、ただ本の背文字で圧するような書斎を、私は味気ないと思う。丸谷才一が書斎で撮られた写真がある。書棚の前に立つ丸谷才一の横に、マリリン・モンローがジェイムズ・ジョイスを読んでいる水着の写真が飾られていた。これなど、よかったなあ。丸谷はジョイス学派。アイルランドが生んだ前衛文学者と、セックスシンボルという意外な組み合わせがいいのだ。

串田和美の話に戻るが、それにしても、子ども時代に、床が抜けるほど本を溜め込んだ家に住んでいたというのは、長じて本が好きになるにせよ、嫌いになるにせよ、影響を受けないわけにはいかないだろう。

ちなみに、串田孫一は小金井市の住人。私が以前隣の小平市に住んでいた頃、最寄りの駅として中央線の武蔵小金井駅をよく利用していたので、孫一の家も見当がついていた。敬愛する物書きが、自分のうろつく町に住んでいると思うだけで、少し勇気が出たものだ。

紙袋ひとつ分の本の重さに耐えかねて

日本の文学史上で、圧倒的な蔵書量を誇るのが、二〇一〇年に逝去した作家の井上ひさし（一九三四年生まれ）。生前、彼の蔵書が故郷の山形県川西町に寄贈され、「遅筆堂文庫」という図書館まで建てられた。

寄贈するにあたり、家から運び出した段階で「十三万冊あった」というのもすごい話。全編、本とのつきあい、そして格闘を語る『本の運命』（文春文庫）は、無類のおもしろさだが、なかでも蔵書について、「全部でいったい何冊あるのか、僕にもわからない。まあ、三万冊ぐらいかなあと思ってたんですね。それがあるきっかけで、なんと十三万冊あったということが判明する悲劇が起こる（笑）」とある。その「きっかけ」とは、前夫人との離婚なのだが、その話は措《お》いておく。

井上には、伊能忠敬《いのうただたか》や夏目漱石、樋口一葉、太宰治など、実在の人物をモデルにした小説や戯曲作品が多い。そのたび、その人物に関するありとあらゆる資料が必要になる。こうして本が自然に増えていく。その他、各種文学賞選考委員や新聞の書評委員などをつとめるために、暴力的に本が送りつけられてくるから大変だ。

「本は書庫からも仕事部屋からも溢れ、廊下へ這い出し、家人たちの枕許まで窺い、インベーダーみたいに家中を占拠していく。別に一棟、書庫を建て増ししても追いつかない」と書いている。

そして、ついにやってしまった。

本棚に収まらない本は床に積む。建て売りの六畳間を仕事部屋にしていた時の話だが、そのうち足の踏み場もなくなる。「部屋にいるとギギギギ、ギィー、ギギギギ、ギィーって音がする」ようになった。最初は「虫でもいるのかな」と、気にもとめずにいた。それが「ある日、本を紙袋ひとつ分買ってきて、仕事部屋にポンと置いた。その瞬間に、床がズルズルッと傾いていって、ドッカーンと落ちたんですね」。

井上がすごいのは、驚くとともに「感動しました」と言っていることだ。

「大勢で力いっぱい押しているのにびくともしない鉄の扉が、たった一本、ひょいと指の力が加われば開くという瞬間がある」。その瞬間を目撃できたことに「感動」したというのだから、これはやはり作家の「業《ごう》」だろう。

実は私にも似たような経験がある。東京・高円寺の木造アパート二階に住んでいたときのこと。明日引越しという晩に、あちこち散らばった本を段ボールに詰め込んで、それを一部屋にまとめて積み上げ、空いたスペースに蒲団も敷かず横になった。このとき同じく「ギギギギ、ギィー」という、虫の鳴くような微《かす》かな音をはっきり聞いたのだ。いま考えたら、あれは危なかった。あと一押しすれば床が抜ける、という警告だったにちがいない。

一週間でアパートを追い出されなかったら

二〇〇六年に逝去したマンガ評論家の米沢嘉博（一九五三年生まれ）も、名うての蔵書家だった。一般的には、コミケの創始者として知られている。米沢が溜めに溜めた、マンガや大衆文化に関する本や資料は、現在、明治大学の「米沢嘉博記念図書館」に保存整理され、誰でも閲覧できる。米沢家から図書館に搬入された本や資料は、段ボールにして約四千五百箱あったという。

私が、高円寺のアパートから運び出した段ボールの数は、本だけで五十〜六十箱はあったと思う。引越しには、業者二人に加えて、友人二人が手伝いに来てくれたが、プロの業者が本の詰まった箱を運び出したあと、アパートの塀の前にへたりこんで、ぜいぜい息をついていたのを覚えている。軽い箱、少し重い箱、重い箱と、交互に運ぶとそれほどでもないが、重い箱が五十も六十も続けば、プロでも音《ね》を上げることがわかった。一般の引越しでは、ちょっと異常な事態だろう。それが四千五百もあればどうなるか。

「米沢嘉博記念図書館」のホームページで、学長室専門員長の間宮勇と、米沢夫人の英子が対談している。英子夫人が語るには……。

「昔は限界を超えると引っ越していました（笑）。それこそヤドカリ生活と言っていました。私が知っている最初は井の頭線の池ノ上駅のそばにあったハルミ荘。これが大学生の時で、その後やはり池の上でアベ荘というところに引っ越しました。このアベ荘が割と広くて、ちょうどコミケットが本格的に始動した時だったので、当日に使う資料とかガムテープとかその他色々細かい備品を、最初は置いておくことができたのですが、徐々に本が浸食し……。アベ荘が手狭になって引っ越そうということになって、池ノ上駅のそばに次のアパートを借りたのですが、木造の2階でそこに本を三分の一運び込んだら、下の大家さんがいきなり現れて、『ドアが閉まらなくなった』と怒られました。結局、そこには一週間もいられず、鉄筋コンクリート製でないとだめだということで、不動産屋さんの負担で改めて引っ越しを(笑)」

この事件は、米沢が生前に書いた文章で読んだことがある。彼は「少年マガジン」や「少年ジャンプ」といった週刊マンガ誌のたぐいでも絶対に捨てない人で、すべてとっておく。しかも本棚を使わず、床から直《じか》に壁に沿って積み上げていった、という。

天井近くまで積むと、本の重みで床が少し凹《へこ》み、天井との間に隙間ができる。すると、その隙間にまた、雑誌を詰め込んでいく。そんな調子で、どんどん積んでいったところ、引っ越したその日に大家から苦情が出たという。

本の重みで隙間ができるというからすごい。件《くだん》のアパートにそのまま住んでいれば、いずれ床が抜けていたであろう。米沢も危うく〝底抜け男〟になるところであった。それを考えると、一週間もたたないうちに引越しを余儀なくされたことは、幸せだったのか不幸せだったのかわからなくなってくる。

【教訓　その二】

本は想像以上に重い。二階に置き過ぎると床をぶち抜くことがあるのでご用心。

第二話　蔵書は健全で賢明でなければならない

捨てるか、売るか

これまでに蔵書については、ずいぶん取材や質問を受けた。そのたびに「どうやって蔵書を整理されているんですか?」というような質問が来る。自宅の書斎兼書庫で取材を受けた場合は、「見ての通り、まったく整理なんかできていません」と言えるが、喫茶店などで話をするときは、どうやって言い逃れるか苦心する。

整理術うんぬんを語れるのは、五千冊ぐらいまでの蔵書の場合だろう。通常五千冊から一万冊あれば、店の規模にもよるが、一軒の古本屋が開けると言われている。一万冊を超え、二万冊に手が届く頃には、家一軒をすべて本のために使うぐらいの潤沢なスペースを持たないかぎり、整理どころではないというのが正直な話。

こうなると結論は決まっていて、捨てるか売るかして数を減らすしかない。それ以外に、体《てい》のいい「整理術」などないのだ。

引越しこそ処分の最大の好機

これまでにも金に困って、あるいは引越しのたびに、大量の整理、つまり古本屋さんに来てもらって本を売ってきた。引越しは、自分のなかで本を処分する決意をもっとも納得させやすい理由になる。そう、本を売る時は、ほかの誰あろう、自分で自分を説得する必要がある。

大学の教師のように、研究費をもらって、年度末にはそれを消化するために目録からバカスカ注文し、研究室の書棚に収める……などというのとはわけが違う。貧乏学生だった時のことをよく思い出すが、月々の生活費のなかから、生存するぎりぎりの分を確保し、それ以外はなるべく本のために使うのが理想だった。

次のバイト代が入るまで、ここまでは使える、今月はちょっと厳しいなどと、国家予算に比べたらスケール極小のラインで、だましだまし本代につぎ込んできた。蛇口をひねれば水が出るように、潤沢な資金があって、後顧の憂いなく本が買えた時代など、二十代、三十代には一度もなかったのだ。いや、いまだってそれはない。昔に比べたら多少楽にはなったが……。

新刊書店と古本屋の本棚の前で煩悶《はんもん》しながら、「これはどうしても買っておこう」と決意した上で求めてきた本ばかりだ。それが溜まりに溜まって、まとまった量の蔵書となる。蜜蜂がせっせと花と花の間を飛び回って、どうにか集めた蜜みたいなものだ。事情が許せば、買った本は全部そのまま残しておきたい。それが本音だ。

一日でこれだけ買うこともある

ところが、もちろんそうはいかない。振り返ってみて、いまの家に落ち着くまでに、もっともスペース的に王様の気分を味わえたのが、二十代の後半に、二年ほど住んだ滋賀県大津市の一軒家。庭付き二階建て木造家屋に破格の家賃で独居していた。一階が三畳と六畳、二階には三部屋あった。これが使い放題。思う存分、本が置ける状態だった。

一九九〇年春に大阪から上京してきたときも、普通なら夫婦や家族で住むような2LDKを独り住まいの最初の住処《すみか》として、このときも気にせず本を溜め込むことができた。

しかし、ほかは学生下宿や、古いワンルームマンションなどで、スペースに限りがあったから、引越しとなると、まず処分するのが本ということになる。すべて、あそこの古本屋、ここの古本屋と渡り歩きながら、一冊一冊買い集めたものばかり。いつも眺め、取り出し、ときになでさすってきた本たち。それが、売られていく日は、飼っていた子牛を手放す酪農家の気分だった。頭の中で「ドナドナ」（かわいそうな子牛　売られていくよ）の歌が流れていた。

二千冊減らしてもビクともしない

それでも、やっぱり本は売るべきなのである。スペースやお金の問題だけではない。その時点で、自分に何が必要か、どうしても必要な本かどうかを見極め、新陳代謝をはかる。それが自分を賢くする。蔵書は健全で賢明でなければならない。初版本や美術書など、コレクションとしていいものだけを集め、蔵書を純化させていくやり方もあるだろうが、ほとんどの場合、溜まり過ぎた本は、増えたことで知的生産としての流通が滞り、人間の身体で言えば、血の巡りが悪くなる。血液サラサラにするためにも、自分のその時点での鮮度を失った本は、一度手放せばいい。

と、悟ったようなことを言えるようになったのは、じつは、二〇一一年秋に、身を削るような蔵書の処分をしたからだ。この年は春にも一度、二千冊ほど思い切った処分をしている。気心の知れた、信頼する古本屋さんに来てもらったので、カスばかりをつかませるわけにはいかない。けっこうがんばって、痛みを感じる本も放出した。少し血が流れた気がした。

二度目の今回は、さらに血を流す必要があった。それは、二千冊減らしたことでわかったのだが、処分した後の書庫の風景を見ると、ほとんどまったく変わっていない。減らした甲斐がまったくない、ということ。

そのとき気づいた。「お宅にいったい、どれくらい本があるのですか?」という、庭に何本の雑草が生えているのですかと聞くに相当する、ムチャで返答不可能な質問に、それでも「ざっと二万冊」と答えてきたが、二千冊減らしてビクともしないところを見ると、どうやら二万冊ではきかないらしいのだ。

ホットドッグでもハンバーガーでも、アイスキャンディーでもいいが、十分の一を食べれば、あきらかにもとの姿とは違うのがわかる。その「あきらかにもとの姿とは違う」実感がこのとき、なかった。となると、下手をすると三万冊ぐらいあるのかもしれない。年に一千冊の本を触るなり、読むなり、一部を確かめたりしたとしても、すべてを触り終わるには三十年かかる。これからも本は増えていくに決まっているし、いくらなんでも、それは健全ではないだろう。

それに、税金のことや、住宅ローンの支払いや、教育費や諸々《もろもろ》、頭の痛い金銭上の問題もあった。前回、二千冊売って得たお金で、少しは助かったが、すぐに消えてしまう程度のものだった。いや、それでも来てもらった古本屋さんは、おそらく誠実に、払える範囲の最高額を払ってくれたのだ。同じ量を「ブ」のつくチェーンの新古書店（「ブックオフ」のこと）へ持ち込んでも、どうだろう、その十分の一も支払われなかったに違いない。

何かの手違いで、同じ本が、その「ブ」のつく店へ売られてしまったと後で知ったとしたら、私はショックのあまり、一週間は寝込んで、以後しばらく立ち直れないだろう。本の価値を知っている店と、そうでない店に売るのとでは、天地の開きがある。

欲しい本は全部持っていって

まあ、それはそれとして、まとまったお金を作るために、今回の処分で立てた方針は、依頼した古本屋さんに欲しい本を、どんどん抜いて持っていってもらう、ということだった。その決意表明のために、事前に、田中小実昌、殿山泰司のコレクション（といっても併せて十数冊）をはじめ、平凡社ライブラリーを四十冊ほど、入手困難を含むブローティガンの揃い、大好きなシリーズのみすず書房「大人の本棚」、ハヤカワ文庫の鈴木いづみ二冊など、動脈に近いところをどんどん抜き出しておいた。

あとは、来てもらってから、「いいから、どんどん抜いていって」と告げ、私はパソコンに向かったまま振り向きもしなかった。ときどき「講談社文芸文庫からも、いいですか」「いいよ、中公文庫もちくま文庫もいいのがあったら持っていって」、文芸書の棚では「小沼丹《おぬまたん》はどうします?」「いいから、何でも持っていって」とクールに告げた。

なんてかっこいいんだ。

じつは、ここで告白すると、地下の書庫から一階のリビングに運び出してから、最後に一度、私がざっと点検すると告げてあったのだ。最後の切り札はこちらが握っているゆえの余裕だった。いくらなんでも、好き放題持っていかれるのは心臓に悪すぎる。これだけはどうしても、と思うものを一割ぐらい、書庫に戻すつもりでいた。

しかし、考えを改めた。そんなことをすれば、おそらくどんどん後悔と欲がしゃしゃり出て、けっきょく三割ぐらいは戻すことになるだろう。それでは「欲しい本を持っていって」と言った甲斐がない。「男だろう、お前は」と自分に言い聞かせ、荒川洋治さんの詩集以外は、目をつぶってスルーさせた。本を処分するのに一番必要なのは「勇気」である。

山田稔も川崎長太郎も上林《かんばやし》暁《あかつき》も木山捷平《しょうへい》も永井龍男も尾崎一雄も、平凡社「モダン都市文学」シリーズも、こうしてみごとに消えていった。それにしてもさすがだ。一番痛い急所を、もののみごとに捉《つか》まえて、某古本屋さんは抜いていった。

蔵書の買い取りに出かけて、好きな本だけ持っていっていい、という虫のいい話はそうはないらしく、補助としてついてきた店員と二人、本棚を前に気合いを入れて抜いていく姿が、はずんでいるようだった。

覚悟を決めての処分だから、後悔はないつもりだった。しかし、彼らが去ったあと、抜かれてスペースの空いた棚を見て、しばし茫然《ぼうぜん》となった。空いた場所に、どんな本があったかは、もちろん覚えている。かすり傷のつもりでいたが、どうやら大量の血が流れたとそのとき知ったのだ。

繰り返すが、前述のひいきの作家たちの著作は、どれもこれも、若い時から一冊一冊、古本屋や古本市に足を運び、大阪に住んでいるときは、夏休みに東京まで遠征し、それなりの感激と出費を伴って集めた本だ。それぞれの本に思い出もある。古書目録に並んだ目当ての作家の本を、あり余った金でまとめて注文を出したというのではない。

空いた本棚が、そのまま自分の心の空虚を表すようで、じわじわと哀しみが湧いてきた。これは、前回の二千冊処分のときにはなかったことだ。売った量は、今回の方が少ない。ざっとだが、単行本六百冊、文庫六百冊のしめて千二百冊と踏んでいる。しかし、痛みが違う。平気のはずだった心が、想像以上にダメージを受けていることがわかった。

〝蔵書の苦しみ〟は、処分した時にも感じるものらしい。

売った翌日、また買った

一夜明けて、翌日は都心に出る用事があって外出したが、あきらかに身を切られた余韻は残っていて、なんだか一日変だった。電車の席に座ってからも、気がついたら大きく溜息をついていて、ときおり、体を揺するように動かす。隣に若い女性が座っていたが、あんまり挙動が不審なので、途中で立って、ほかの車両へ移っていった。申しわけないことをした。

気をしっかり持てよ、と自分を励まして電車を降りたのだが、その日は毎週一度通っている竹橋・毎日新聞社での仕事。いつもJR御茶ノ水駅から明大前の坂を下り、神保町を通過して行く。たいてい新刊書店と古本屋街を散策するのだが、やはり心が虚《うつ》ろだったのだろうか。前日、せっかく千二百冊を処分したばかりなのに、あちこち引っかかって、十七冊も古本を買ってしまった。バカだなあ、と自分でも思うが、この気持ち、わかってもらえる人にはわかってもらえるだろう。事実、十七冊も買い込んで、ぶらさげる本の袋の重さが指に痛いほど伝わると、ついさっきまでの憂鬱《ゆううつ》がかなり和らいだのである。

自分でも〝可愛いな〟と思ったのは、この日、筑摩現代文学大系の端本《はほん》の一冊『田畑修一郎　木山捷平　小沼丹』の巻をさっそく買ったことだ。昨日、いまや古本屋でトップクラスの人気がある小沼丹を、小沢書店の作品集をはじめ、単行本も文庫もすべて失ったことで、その喪失感は容易に埋めがたかったらしい。

小沼丹は、井伏鱒二《いぶせますじ》の弟子筋にあたり、吉行淳之介、遠藤周作、安岡章太郎、庄野潤三、島尾敏雄、阿川弘之などと同じ、第三の新人と呼ばれるエコールに属しながら、芥川・直木賞も受賞していないし、地味な存在だった。この種の文学全集にも、ほとんど巻立てに入ることもなかった。たぶん、小沢書店が作品集を出し、作家の久世光彦《くぜてるひこ》がくり返し自分の文章で触れたことが機運になったのか、ここ十年ぐらいですこぶる人気が上昇してきた作家だ。

三人で一巻の全集端本ではあるが、ここには、「村のエトランジェ」をはじめ、「白孔雀のゐるホテル」「懐中時計」「銀色の鈴」など九編が収まっている。ありがたい一冊なのだ。小沼丹のとりあえずを知るにはまずはこれで充分。あとは、気になったとき、また買えばいいのだ。そう思うと気が楽になった（結局、その後少しずつ買い戻し、十冊ぐらいある）。

これからはそうしていけばいい。何がなんでも、誰でもかれでも、あれもそれも買いそろえる必要はない。ツボとなる一冊を押さえて、それを熟読して、あふれる思いがそれでもあったら、領土を広げていけばいい。二〇一三年の春に五十六歳になった。ヒトラーも双葉山も高田渡も栗本薫もこの年齢で亡くなっている。丼飯をお代わりする年でも、駅の階段を一段飛ばしで駆け上がる年でもない。知的欲求の見栄も、だいぶ衰えた。蔵書の精選と凝縮を、そろそろ心掛ける年ではないか（その後、還暦を迎えた）。

【教訓　その二】

自分のその時点での鮮度を失った本は、一度手放すべし。

第三話　蔵書買い取りのウラ側

本は対流し、再生するが……

本を買ふそばへ古本売りに来る　雉子郎

「雉子郎《きじろう》」とは、吉川英治が川柳を作るときの号。古本屋の風景だろう。本を買っていると、すぐ脇で、古本を持ち込んで売る人がいる。こうして、本が世の中を対流して、古本の世界が作られていく。

本を売って、それがまた古本屋の本棚に並べば、また別の必要としている人の手にわたり、本が生き返る。本の処分にはマイナスイメージがつきまとうが、じつは本の役目を再生させる意味もある。そのことの意味は大きい。

とまあ、これは半分くらい、蔵書を処分する痛みをまぎらわすために、自分に言い聞かせる「呪文」のようなものでもあるのだが……。

痛みの代償は四十万円

身を切るような蔵書処分をしたことは、前話に書いた。許可を得たので公表するが、その古本屋さんとは、東京・杉並区の「古書　音羽館《おとわかん》」である。

「音羽館」（東京都杉並区西荻北三―一三―七）は中央線西荻窪駅から徒歩七、八分のところにあり、二〇〇〇年にオープンした。もとは二軒並びの店舗だったのを、間の壁を一部抜いて一軒にした構造で、美術、演芸、映画、音楽、海外文学、デザイン、マンガ、絵本、日本文学、文庫、新書と守備範囲が広く、良書を揃える優良店である。その証拠に、いつ行っても店内に複数の客がいてにぎわっている。女性率が高いのも特徴で、四割という高水準。

店主の広瀬洋一さんは、古本業務のほかに、「西荻ブックマーク」と名づけられた、本に関わるイベント、トークショーも手がけている。私は、書評用や贈本として送られてきた新刊などが溜まると、月に一度くらいは持ち込んで、高値で引き取ってもらっている。同じ量をリサイクル古書店などへ持ち込んでも、おそらく音羽館で払ってもらっている額の五分の一にもならないと思われる。それほど買い取りが誠実なのだ。

広瀬さんとは無駄口を叩き合えるほど仲のいい関係で、今回の買い取りも安心してまかせることができた。みんながそうはいかないだろうが、大切な蔵書を処分するとき、信頼できる関係の業者を作っておくことも大切だ、と思う。

普通は、買い取りに来てもらった当日、車に積み込む前に評価額の代金をその場でもらうようになっている。しかし、二〇一三年に一度、二千冊近くを音羽館に売ったときもそうだったが、いったん店に持ち帰ってもらい、ゆっくり査定してもらうことにした。その場でもらうか、査定をじっくりしてもらうか、どちらがいいとは言えない。ケース・バイ・ケースだ。私と音羽館の関係を考えたら、後者の方がうまくいく気がしたのである。

二週間後ぐらいに連絡が来て、今回の蔵書の評価額が告げられた。四十万円だった。これは、相当に高い評価だと思われる。千二百冊が四十万円なら、一冊三百円強。稀書や古書籍があったわけではない。文庫が半分混じっていたから、普通なら考えられないような数字である。おそらく、同業者の古本屋さんがここを読んだら、目を剥《む》くほど高額な買い取り価格だと思うはず。千二百冊を引き取って一万円を払えない場合だってあるだろうから。その理由はあとで説明する。

とにかく、お金が必要なことがあったので、この四十万円は本当に助かった。

〝良質〟の文庫が減っている

しかし、貨幣としての四十万円などすぐに消えてしまう。その代替として、大事な本を失ったことは、やっぱりショックだった。しかし、数日たてば、もう何もなかったかのように日々が流れていくのだった。想像したより、はるかに後遺症はなかった。むしろ、千二百冊を処分して、床に積み上げられた本が一向に減らないので、うんざりしたほどだ。

後日、あらためて広瀬さんに、買い取りについて、今回の岡崎家の場合と、買い取り全般の話を聞いてみた。まずは、私が「欲しいものだけ持っていってくれ」と告げたこと。これは古本屋側にとっては、都合のいい申し出のはずだったが、本当のところどうだったんだろう。広瀬さんは少し考え、「いや、それはそうなんですが、正直、ちょっと戸惑いました」と答えた。

通常、本を買い取りに行く場合、向こうから出される条件は、大体三つに分かれる。

一、部屋にある本は全部、処分

二、あらかじめ所有者が選び出した本を買う
三、店で売れないもの、値がつかないものは置いていく

ここから派生するパターンもあるが、おそらくこの三つに絞られる。

音羽館は、一日に数軒の宅買いをこなすこともあるから、平均して週に五軒ぐらいの買い取りに行くそうだが、それでも過去に、私のようなケースはあまりなかったらしい。

「うちの店に欲しい本だけ、というのはありがたい話なんですが、岡崎さんの仕事のこともわかっているし、ほんとうに好きなだけ持っていっていいのか、というためらいが、最初にあったんです」

というのが「とまどい」の理由。少し作業が進むと、はずみがつくらしく、どんどん本棚から抜いていったようだが。

音羽館に買い取ってもらった本の一部

「まず目についたのが私小説系作家の本ですね。上林暁、木山捷平、尾崎一雄、それに小沼丹。小沼丹など、いま人気で売れるところですが、めったに買い取りがない。永井龍男や山田稔といったシブい作家も抜きました。川本三郎さん、海野弘《うんのひろし》さんは、ネットなどを見ると、それほど高くはついてませんが、うちの店では確実に売れる作家です。あとは、文庫ですね。じつは、いま良質な文庫の買い取りが本当に減っていまして、市場でも高い。講談社文芸文庫があんなに揃っているのは、買い取りでは見たことがないですし、中公文庫やちくま文庫も、いいものを買わせてもらいました」

音羽館には、持ち込みでちくま学芸文庫を五十冊ぐらい、まとめて売ったことがあるが、このときも一冊、三百円くらいの値をつけてもらった憶《おぼ》えがある。一般の小説文庫だと、一冊百円もつかないのがほとんどのはずで、これも破格の評価だろう。

二箱で一万円、十箱で五千円？

次に買い取り一般の話を聞いてみた。

音羽館は買い取りに積極的な店で、最低段ボール二箱、場合によっては一箱から売り先まで出張する。買い取りが集中するのは、やはり春先。二月の後半から四月までが、引越しのシーズンで、ゴールデンウィークあたりまで、本の処分に来てほしいという依頼がある。「かつては年末の大掃除時期にも、けっこう集中しましたが、いまはそうでもないですねえ」とのこと。みんな忙しくなって、大掛かりな大掃除をやらなくなったか。

音羽館の使っている車は普通車のバンで、うしろの荷台に、段ボールで約八十箱、単行本でいえば約千五百から千六百冊が積める。ほとんどが、このキャパで用は済む。

杉並区内なら、だいたい問題ないが、神奈川、埼玉、千葉など遠出することもあり、その場合は、スケジュールが組まれ、場合によっては買い取り値から出張費が引かれることもある。

つまり、出張買い取りで客に支払われるお金は、純粋に売った本の代価というわけではない。遠くまで行けば、ガソリン代や高速料金がかかるし、人を使えば人件費、それが時間で加算される。また、エレベーターなしのアパート、マンションの四階や五階となると、その荷出しの苦労は半端ではなく、労働に対する対価として本の売値から多少なりとも差し引かれることもある。

売る側の心得としては、出張買い取りの依頼をするとき、まずはどんな本が、どれだけの量があるかを、できるだけはっきり告げることだ。

「電話で、例えば百冊くらいと聞いて、じっさい行ってみたらそれより多いことがよくあるんです。百冊から二百冊と言われて、じつはその十倍なんてことも珍しくない。仕方ないと言えばそうですが、普通の人だと、目で見て、だいたい本の冊数がどれぐらいあるのかが、よくわからないみたいですね」

一つの目安は、もっともポピュラーな五段のスチール本棚で、普通の単行本が二百冊ぐらい収納されている。ミカン箱ぐらいの段ボールだと、四六判の単行本が五十冊は入らなくて、四十冊ぐらい。床に積み上げている場合なら、一つのブロックがどれぐらいあるか数えてみて、あとはかけ算するといい。

古本屋さんが使う車のキャパは決まっているから、数軒はしごして買い取りに回ろうと計画を立てている場合、冊数が大幅に狂うと段取りが変わってくる。

揃えた本が同じでも、支払われるお金が違う場合もある。

「どうしてもお金が必要で、大事にしていた本を売るというお客さんの場合、やっぱり気合いが入っていて、高く買ってあげないと、と思いますし、逆に、お金のことはいいから、とにかくどんどん持っていってください、と言われると、こちらもその心づもりで評価することになります」

なかには、床に本を並べて、主人が一冊一冊「これはどうだ、いくらで買う？」と、個々に値段を聞くこともある。もちろん、古本屋さんとすれば、それに答えられるだけの体制を整えることは必要かもしれないが、やっぱりちょっと腰が引けてしまう。実際、一冊一冊の値段を決められない場合もあるのだ。

「こういうケースがあるんです。例えば、十箱売ってもらうとして、正直言って引き取れるのはそのうち二箱しかない。その二箱だけいただけるなら一万円払いますが、全部引き取れということなら、値段はその半分になりますよ、と説明することがある」

二箱で一万円で、十箱なら五千円、というのは、ちょっと聞くと不思議な話だ。つまり、要らない八箱は、値がつかないのに持ち帰り、お金を払って処分業者に引き取ってもらうことになる。その手間と処分代がそこから差し引かれるわけだ。

「古本屋は商売下手」

じっさい、主人が亡くなったあとの蔵書の山は、残された遺族にとって暴力的な存在で、処分代を払ってでも、引き取ってもらいたいと思うだろう。

これは別の古本屋さんから聞いた話だが、やはりご主人が亡くなった後の蔵書の処分に出かけた時のこと。本を縛り終わって査定して、「全部で八千円ですが、よろしいでしょうか」と告げると、未亡人は「あらそうですか、ちょっと待ってください、じゃあ財布を」と、八千円払おうとした、というのだ。あわてて、古本屋さんは「いえいえ、こちらからお支払いするんです」とそれを制した。この奥さん、てっきり古本の処分代として、お金をこちらから支払うものだと思ったのだ。

「買い取りに行って、イヤな思いをすることもあります。それでも、本を揃えて、ヒモで縛っているうちに、だんだん気持ちが変わってくるんですね。お客さんの立場になる、というか、一緒にいる時間が長くなると、それだけ情が移っていくというのかなあ。とにかく、得難い経験をしているという気持ちはありますね」

と広瀬さんは言う。

蔵書の処分には、処分した人の数の分だけ、さまざまな事情とドラマと苦しみがある。やむをえず、大事にしていた本を経済的理由で手放す人。故郷へ帰るために処分する人。離婚して、妻の残していった本を売る人。

「旅と似ている、と思うことがあるんです。よく言うでしょう、旅にはトラブルがつきもので、平穏無事にいったときより、何かあったときの旅のほうが印象深いって。本の買い取りも、他人の家に上がり込んで、それもほとんど一回きりの出逢いで、本の処分に立ち会うわけですから、これはやり甲斐のある仕事だと思うんです」

話を聞いていて、広瀬さんって本当にいい人だなあ、と思えてきた。

「本を買ふそばへ古本売りに来る」の川柳ではないが、売り買いを通じて、お客と店主が過ごす時間を、広瀬さんは大事にしている。

なかには、安く本を買いたたいて、店では高く売って、ひどい商売だと思っている人もいるかもしれない。実際に、面と向かってそう言われることもあると聞いた。

しかし、古本屋さんの味方である私としては、出久根達郎《でくねたつろう》さんのこんな言葉を思い出すのだ。「漱石を売る」という文章に「古本屋は商売下手なんですよ」とある。

あとにこう続く。「自分が、でなく、みんながそうのような気がするのである」。

音羽館が商売に誠実なのは、買い取りの件数が多いことでもわかるのだ。

蔵書を手放すのが本人である場合、いかなる時でも後悔と痛みは伴う。それを買い取る古本屋さんは、もちろんビジネスではあるが、それだけとも言えない。一種の共犯関係ともいうべき空気が、そこに流れるのである。

買い取りにはドラマがある

福岡市で、各種即売会とネット販売だけで経営されている古本屋「あしび文庫」さんが書いている「古本屋日記」というブログがおもしろい。「なにかと嫌われ者の団塊世代です」と、プロフィールにあり、まずクスリとさせられる。本を売り買いする日々のこと、ファンである福岡ダイエーホークス（現・福岡ソフトバンクホークス）のことなどが、ボヤキ混じりでユーモラスに綴《つづ》られていて読ませる。ここでは、許可を得て、過去のものから、蔵書の買い取りのところだけ、ちょっと紹介してみる。

某年六月十二日。買い取りに出かけたが「二十年前くらいの一般書がほとんど。

保存もいまいち。しかし、応対していただいたおかあさんが感じのいい方で、一瞬思考停止、お断りするタイミングを外してしまった。商売人失格だ」とある。ほら、言ったでしょう。出久根さんが言う通り、「古本屋は商売下手」なんだ。

七月三日は、なんと、朝八時四十分に買い取り依頼の電話があった。「九時半から出かけなければならないので、それまでに」来てくれとのこと。普通なら別の日にと言うところだが、「絵本があります」の甘い言葉と、聞き覚えのある声に、超特急で支度をして駆けつけた。行くと、やっぱり顔見知りの常連さん。電話で「五十冊以上はある」とのことだったが、段ボール箱に詰めてみると六箱になった。もちろん、おいしい買い物なのである。「車に全部積み終わったのは九時二十八分」と、約束の「九時半」に間に合った。しぶい！

素人は、本の冊数を把握できない、という話が他にも。近くの大学の研究棟へ出向く。台車に空《から》の段ボールを積み上げて行くと、「そんなにいらないよー、今度はちょっとだけだよ」と先生が言う。しかし、追加、追加で本が増え、箱が足りなくなってきた。

八月二十日。約束の十時に電話で教わった住所に来てみたら、見当たらない。狐に化かされたような話で、さんざん周囲を探したが、とうとうわからず帰ってきた。住所の最後に「701」とあるので、マンションらしいが、かんじんのマンション名が書いていない。客からあとでメールがあり、この日は朝から出かけてしまって、もし見つかっても買い取りはできなかった。「空振り」は慣れている、と、「あしび文庫」さんは言う。

九月八日。ビルに入った事務所へ。ベストセラーなど約二百冊、というので期待せずに行ったら、デザインや美術の雑誌が山のようにある。「即売会向き」だと喜んでいたら、「じゃあ、ついでにコミックも」と出てきたのが、手塚治虫、星野之《ゆき》宣《のぶ》、諸星大二郎と人気どころ。これが約千冊。思いがけない買い取りとなった。

同日。葬儀の席へ出かけての買い取り。正直、気が重い。本は理系の参考書や教科書など、約二千五百冊。これは商売にならず、「捨て本もかなりある」と告げたら、仏の弟さんが言った。「いる本だけ持って行ってください。必要な人に渡していただければ、兄も喜びます」と、ちょっといい話に。

九月十九日には、駅前通りのマンションへ。路上駐車して台車で向かうが気が気じゃない。こうして数年に一度、駐車違反キップを切られるのだという。その違反金は、誰が払ってくれるわけでもない。そういう苦労もつきまとうのだ。

十一月十七日。「コミックは扱わないと決めているのに、欲に目が眩《くら》んでしまって」と前置きし、「亡くなったおじさんの古～いマンガ、千冊以上あります」という家へ。ところが、「古～いマンガ」とは、せいぜい二十～三十年前のもの。「ヤケ、ホコリなどもあり、残念ながら一冊もいただけず」に帰る。

この「古～い」というのがくせ者で、二十代、三十代の者からすれば、自分が生まれた頃、あるいは子ども時代に出た本ならじゅうぶんに「古～い」。しかし、「少年ジャンプ」六百万部というようなコミック大量消費時代に入って以降のマンガは、よほどのものでないと値がつかない。「亡くなったおじさん」「古～い」ということとばだけでは判断が難しい。「奥付を見て、出版された年数を？」と尋ねても、その「奥付」がわからない人が多い。

買い取りにはさまざまなドラマがあり、ときに古本の役割を気づかせてくれるのだ。

【教訓　その三】

古本屋さんに出張買い取りをお願いする時は、どんな本が、どれだけの量あるかを、はっきり告げるべし。

第四話　本棚が書斎を堕落させる

「猫の額」蔵書

これまでの人生において、住環境と本との付き合いを考える最初となったのが、大学へ入って最初に下宿した、京都市西郊のボロアパートだったかもしれない。もと鶏小屋を改造したという、トタン屋根の壮絶な平屋アパートで、雨が降るとバラバラとうるさく、窓は刑務所ぐらいの小ささ（入ったことないけど）。礼金敷金なしの家賃月一万円、というのに惹かれて入った。滝田ゆうが震えた線で描く、漫画のようなアパートだった。「とにかく一番安い部屋を」と不動産屋に探してもらった物件だったが、およそ三十年前でも家賃一万円は安かった。

この下宿のことを書くと長くなるので要点だけ書くと、四畳半ひと間で、トイレ（とも呼べない汲《く》み取り式）が共同、風呂なし。畳の上でアリの行進を拝むことができるすさまじい部屋だった。ここに文庫専用の本棚とスチールの本棚と三段のカラーボックスを、それぞれ一本ずつ持ち込んで、それで蔵書とレコードがすべて収まった。というより、スペースの都合上、それが限界。蔵書数は、ざっと五百～六百冊ぐらいか。

あとは床に積み上げていたのだが、なにしろ文学初心者だったので、部屋にある本だけでこと足りたのだ。身体を大して動かさずとも、すべての本に手が届き、何がどこに置いてあるかも完璧に把握していた。

当時はまだ古本について広い関心も深い知識もなく、蔵書のメインは日本の現代文学、それに少し映画や音楽や美術の本が混じる程度。思えば、熱血「文学」小僧で、大衆文学やミステリなども軽蔑していた。猫の額《ひたい》ほどの狭い了見の蔵書だった。それでも長い間、着慣れた衣服のように、「猫の額」蔵書が、本好きの若者にぴったり合っていたのである。

蔵書量は住環境の広さに比例する

その五百冊でも、訪ねてきた友人は「岡崎、本、たくさん持っとるのう」と驚いていたから、下宿する大学生のレベルでは蔵書家といってよかったかもしれない。クラスメートの下宿を訪ねたら、いちおうそいつも文学部なのだが、スチールの五段の本棚に、並んだ本は上の二段だけ。中段にはコーヒーカップやグラスが置かれ、その下二段は、棚板を一枚はずして「月刊プレイボーイ」など雑誌のスペースになっていた。悪い奴じゃなかったが、ひそかに心のなかで、彼のことを以後軽蔑するようになった。

鶏小屋改造アパートにいたのは一年ぐらい。その次に住んだのが、左京区銀閣寺参道にある旧家の離れ。ここも風呂なしトイレ共同という条件は、鶏小屋改造「滝田ゆう」漫画アパートと同じだが、和室で六畳の広さがあった。「本がたくさん置ける!」と最初に部屋を見たとき思った。そのうち、古本屋巡りの熱に浮かされるようになり、たちまち蔵書は増えていく。あたりまえの話だが、蔵書量は住環境の広さに比例して増えていく。

同じ本を、買ったことを忘れて二度買うようになると、そろそろ理想的な読書空間も危なくなってきたのである。狭い部屋で逼塞《ひっそく》しているときは、誰もが広い部屋に住みたい、本をたくさん置きたいと願う。しかし欲望はかぎりなく増殖するもので、これでいいと満足するラインはどこにも引けない。広い部屋に住んで、本が増え始めれば、それはそれで悩みのタネとなるのである。

明窓浄机

長田《おさだ》弘《ひろし》の対談集『対話の時間』(晶文社)で、養老孟司《ようろうたけし》がこんなことを言っている。

「本を読むと蔵書はふえます。それでいながら、明窓浄机《めいそうじょうき》、何もないところに本が一冊あって、それを読むというのが本を読む人の理想である。読んでしまったらその本はなくてもいいはずなのに、そうではないというおもしろさ。蔵書と読書の関係は矛盾したものだと思います」

これ、じつによくわかります。地方へ旅や仕事で出かけたとき、ホテルで荷を解いて、その夜ベッドで読む本を狭いテーブルの上に数冊置くことがあるが、本棚も何もない部屋で、その数冊がとても愛《いと》おしく感じられることがある。不謹慎ながら、肺でも患って、山奥の湯治場に部屋を取り、数カ月、ごろちゃらと寝たり起きたりしながら、携えた少ない本を大事に読みたいと夢想することもある。

ぜいたく、と言われそうだが、あまりの量の本に囲まれてあくせく生活していると、ときにはそこから逃げ出したくなるのだ。

「明窓浄机」こそ、古来、文人が理想とする書斎のありかたであった。出典は、宋時代の中国の学者・欧陽脩《おうようしゅう》の著書。明るい窓、清潔な部屋に机がある。そこで読みもの、書きものをする。

「方丈記」に見る理想の書斎

これを実現させたのが「方丈記」の鴨長明《かものちようめい》。後鳥羽院のもと、歌人として名声を得ながら、長明は失踪ののち隠遁《いんとん》。現在の京都市伏見区日野町あたりに、一辺約三メートル（四畳半強）の庵をむすんだ。「六十《むそじ》の露消えがたに及びて」とあるから、六十歳の頃だった。ここで「方丈記」をはじめ、著作に専心する。

庵の内部を描写した箇所を引用する（新潮日本古典集成版『方丈記』）。

「いま、日野山の奥に跡をかくして後、東に三尺余の庇をさして、柴折りくぶるよすがとす。南、竹の簀子を敷き、その西に閼伽棚を作り、北によせて障子をへだてて阿弥陀の絵像を安置し、そばに普賢を掛き、前に法花経を置けり。東のきはに蕨のほどろを敷きて、夜の床とす。西南に竹の吊棚をかまへて、黒き皮籠三合を置けり。すなはち、和歌・管絃・往生要集ごときの抄物を入れたり。かたはらに、琴・琵琶おのおの一帳を立つ。いはゆる、をり琴・つぎ琵琶これなり。かりの庵のありやう、かくのごとし」

ありがたいことに、この時代ぐらいになると、平安期の文章（たとえば「枕草子」）などに比べて、はるかに読みやすい。個々に難解な語句があっても、だいたいの意味はたどれる。「普賢《ふげん》」は「普賢菩薩」の略。

書物らしきもので名が挙がるのは「法花経（法華経）」と「往生要集ごときの抄物」。「抄物《しょうもつ》」とは「抜き書き」のこと。当然ながら、当時の書物はみな写本であり、随時、必要なところだけを書き写したのが「抄物」だろう。その他、和歌や管絃《かんげん》の本も一緒に、「黒き皮籠」（行李《こうり》）の中に入れてあったようだ。記述を見るかぎり、本棚のようなものはなさそうだ。

とにかく、当時は貴重品だったから、本は少なかった。

理想的な書斎は刑務所？

子ども向けに当代の人気作家が古典を現代語訳した「21世紀版少年少女古典文学館」（講談社）の『嵐山光三郎「徒然草」・三木卓「方丈記」』に、「方丈庵復元図」が図版で掲載されている。これを見る限り、「方丈記」の庵は、公園の公衆便所くらいの大きさだ。玄関を入った脇につり棚があり、そこに本を入れた行李が置かれてある。部屋の奥、西向きに経机《きょうづくえ》が置かれ、ここで読み書きをしたようだ。シンプルライフもここに極まれり。河川敷に小屋を建てて暮らす現代のホームレスのほうが、よほど物持ちだ。

現代新書編集部編『書斎　創造空間の設計』(講談社現代新書)は、学者や作家など、原稿執筆を職業とする人たちの「書斎論」を集めた本。なるほどなあ、と思ったのが西洋思想史・経済史評論家の関曠野《せきひろの》。「方丈記」を念頭に置いていると思われるが、古来、日本の文筆家の書斎は「四畳半そこそこのわびしい庵の中のことが多かった」という。そして「日本の古典文学が概して季節や気象の変化に異常に敏感な理由も、日本民族に固有の感受性というより、その書き手たちの多くの者が、吹きさらしも同然の茅屋《ぼうおく》に住んでいたという、建築学的条件に関係していたような気が私にはする」とうがった見方をしている。

ちなみに関が考える「史上最も理想的な書斎」は刑務所。「古今東西をつうじ、獄中で力作名作をものにしたり、生涯を決定するような読書体験をした例は少なくない」と書く。刑務所を「書斎」にした代表的な一人が荒畑寒村だ。

この明治・大正・昭和を駆け抜けた筋金入りの社会主義活動家は、一九〇八年「赤旗事件」で逮捕され入獄。刑務所にいたおかげで「大逆事件」の連座を免れた。

当時、獄中に持ち込める本の冊数は三冊と制限があったが、寒村は冊数増加の要求を出し、一カ月九冊を認めさせた。英語をマスターするため、バーネット訳による「ツルゲーネフ全集」を差し入れさせて、英和辞典がボロボロになるほど読み込んだという。

「甘粕《あまかす》事件」で官憲の手により葬りさられたアナキスト・大杉栄も、「自伝」のなかに獄中で語学の勉強をしたと書いている。

ほかにすることもなく、気を散らすものもなく、何を読もうかと迷うほどの蔵書もない。集中できるという意味では、「明窓浄机」の実例の一つが、刑務所だと言えるかもしれない。たしかに、方丈庵なんて、実用品などないに等しいから、幽閉されていない「刑務所」みたいなものだ。

書斎の堕落は本棚から

読書環境において、「明窓浄机」のことばを使っているのが永井荷風。『断腸亭日乗』（一九一八）に、こう書かれている。

「明窓浄几の下、世と相忘れて、独り戯作の筆を走らすれば、稿の進むこと未だ幾許ならざるに、日暮既に白紙の上に迫りて眼漸く苦しみ、一日真に弾指の間に過ぎざるを嘆ぜしむ。或は古き板本机に置いて堆く、左右に積み上げ積み崩しつ、古事異聞の考証に思を傾けては、短檠の油さしさし書き次ぐ文の一枚二枚にして早くも夜更け暁近きを悲しむ」

ちょっと言葉が難しいかもしれない。「几」は「机」に同じ、「短檠《たんけい》」とは台座が箱になった低い灯台のこと。電灯がない時代、これを引き寄せて読み書きをしたのですね。

一九一八年は大正七年。秋庭太郎によれば、関東大震災（一九二三年）から昭和改元の頃まで、荷風の創作活動は沈滞期に入り、もっぱら「江戸明治の儒家文人の考証方面の仕事に専念」する。この時期に書かれたものに「几辺の記」がある。文人趣味に耽溺《たんでき》し、正宗白鳥《まさむねはくちょう》から「荷風老ゆ」と批判されたりもした。引用の文章にも、騒々しい世の中から背を向け、机に向かい、古い書物を繙《ひもと》き、旧世界へ沈殿していく様が表れている。

ここで注目したいのは、古い本（ここでは和本でしょう）を「机に置いて堆《うずたか》く、左右に積み上げ積み崩しつ」という件《くだり》。これは、紀田順一郎さんの説だが、「つまり、ここで重要視されているのは明窓浄机という表現にシンボライズされる空間だけであって、それ以外の機能的な要素、つまり書棚など整理用具の能率的な配置といったことはまったく考慮の外にある」（『書斎生活術』双葉社）というのだ。

「明窓浄机」という思想には、どうやら本棚は含まれていないらしい。ある意味、本棚を持つようになった時から、書斎は堕落する。そこに、本を並べたいという所有欲が生まれるからだ。いや、あくまで理想の「書斎」の話である。どんなことでも理想どおりになどいくものか。

机のまわりに積んだ本こそ活きる

しかし、結局、仕事をする（この場合、ものを書く、調べるの意味）とき、机のまわりに必要な本を揃えておくのが肝要であることは間違いなく、活きるのは、手の届く範囲に置かれた本なのだ。

前掲の『対話の時間』で、長田弘はこう言う。

「本を置くというと、とかくして図書館のように本をならべてきちんとして置くのが理想みたいに考えられやすいんだけれども、個人の原則からいえば、本はいつも手の届くところに置くのが理想じゃないかなって思うんですね。(中略)もっとものぞましい本の置き方はということになると、結局あらゆる住まい方においてものぞましいのは、どんな設計も無視して、身のまわりに積んでおくこと」

ある作家が、西洋式の机に向かって仕事をするより、大きな座り机の方が、手の届く範囲に資料や本を置いておけるので便利だ、という意味のことを書いていた。これはたしかにその通りだと思う。

私はパソコンを据えた机に向かい、椅子に座って仕事をしているが、結局、手足のように使える本は半径一メートルぐらいの範囲に引き寄せてある分だけ。それらは本棚からはみ出し、机の上にも積み上がり、足下や床にもいくつも本の塔ができている。それは全体の蔵書量からすると、消費税率に満たないぐらいの数字かと思うが、これこそ仕事に活かせる大切な本なのである。

問題なのは、机のまわりに積み上げられた本と、格納庫たる本棚との循環がうまくいかないことだ。目の前の仕事が終わって、用済みになった本はもとの本棚に収めれば、またあらたに必要な本を、身のまわりに待機させることができる。ところが、そのときには収めるべき本棚はすでに満杯で、本棚の前にも床から積み上げられた本の壁ができている。用は済んでも、帰るべきところがないのである。

こうなると、本棚はあってもなくても同じで、ただ手元に引き寄せた数百冊の本だけが、真に有効利用できる資料ということになってくる。そうなると、わが二十一畳の地下室に、古本屋一軒を引越しさせたような書庫とは、いったい何だろうと思えてくるのだった。

不動産にとっての悪条件が、蔵書にとっては好条件

二〇一一年三月十一日に、マグニチュード9・0という地震が東北を襲い、東京でも大きな揺れがあった時にすぐにこう思った。もし草森紳一が生きていたら大変だったろうということだった。二〇〇八年に逝去した評論家の草森紳一（一九三八年生まれ）は、本を繭《まゆ》のようにして生きていた。中国文学が専門なのだが、筆先はマンガ、写真、広告、デザインと八方に及び、書物や資料をもとに書くタイプだけに際限なく自宅に本が増えたのである。

「収入の七割がたは、本代に消える。異常に過ぎる。いっこうに古本屋の借金は、減らない」と、『随筆　本が崩れる』（文春新書）に書いている。私は草森本人に会

ったことはないが、週末に古書の即売会が開かれる東京古書会館の帳場で、後ろに積まれた本に下がった注文の短冊に、よくその名前を見た。（草森さん、また注文してらあ）と思ったものである。

草森は亡くなるまでの二十年間を、永代橋のたもと門前仲町に建つ2LDKのマンションに独居していた。ここがまさしく本の巣窟。想定三万冊が、独り身には充分なはずのマンションのすべての空間を埋めつくしていた。このマンションを訪ねた経験を持つ四方田犬彦《よもたいぬひこ》は、「ぼくはここに来るときに、本箱を除いて家財道具の一式を捨ててきたんだと、さりげなく口にしたことが印象的だった。なるべく日の当たらなく、窓がない部屋を探したらいい物件があってね、ともいった」（『女神の移譲』作品社）と書いている。「日の当たらない」は、通常では不動産物件における悪条件だが、蔵書にとっては好条件となる。そこは玄関といわず、廊下といわず、いたるところに本が堆積し、寝室のベッドさえ本で埋もれ、唯一、ひと一人が寝る場所だけが確保されていた。寝ていても本が落下し、顔面を直撃するのだという。『随筆　本が崩れる』によれば、壁面を占める本棚が二十一本。上下二段の下駄箱には和本を積みあげ、二つの納戸にも美術書が入れられていた。そのほか、積めるスペースがあれば、すべて本を横積みにしていた。その積み上げ技術をこう書く。

「几帳面に同じ大きさで揃えては、ならない。左右の高さにも、ばらつきがあったほうがいい。そうしないと、すぐにお辞儀をして、前倒れになってしまう」

自慢げに書いているが、そんなことに習熟してどうする、という気もする。なにしろ、ブドウを人にもらっても、置場がないからコーヒーカップに挿していた。地震がくればひとたまりもない条件がすべて揃っている。

真っ当な人生を投げてしまった人

草森宅において、唯一、本がないのが浴槽で、浴室の脱衣場にも本は置かれていた。ある日、風呂に入ろうとしたところ、浴室のドア前に積んであった本が崩れ、そのまま閉じ込められた悲喜劇を描いたのが『随筆　本が崩れる』だ。同著は、脛《すね》に傷持つ蔵書家の間で、大いに話題になった。ベッドに寝ているだけで、本が顔面を直撃し、風呂に入ろうとするだけで浴室に閉じ込められる（密室殺人？）ぐらいだから、三・一一にまだ生きていたら、いったいどんなことになっていたか。いや、草森のことだから、もし地震で崩れた本に圧殺されても本望だったかもしれない。

ちなみに草森蔵書は、没後、担当編集者をはじめ、知人による「蔵書整理プロジェクト」が組まれ、すべての本を分類、整理をしたのちリスト化された。草森は生前、自分の蔵書数を「四万冊」と言っていた。これは、月に少なくとも百五十冊は買うから、二十年を経ればその数になる、という計算だった。しかし、実際には三万冊ぐらいだったようだ。蔵書家に「いったい、何冊ぐらい本をお持ちですか？」と尋ねることが、いかに愚かしいことかがわかる。規格の揃わない本棚が十本を超え、そこからはみだした本がいたるところに積み上げられた状況下では、三万冊も四万冊も大して変わりがない。

しかし、このマンションに入る前に、すでに三万冊を故郷の書庫に移している。足せば六万冊は所持していたことになる。草森の蔵書管理は、自分は大きな地震に遭わないと根拠なき信念の下にあった。私だってそうだ。

本を必要以上に際限なく溜め込む人は、個人差はあるだろうけど、どこか真っ当な人生を投げてしまっているのではないか。生活空間のほとんどを、本が占領している住居というのは、一般的な通念からすると、どう考えてもまともではない。インテリア雑誌で紹介される〝ファッショナブルな快適空間〟なんてものは、ハナからありえない。積みあげて崩して、また積みあげての繰り返しから学ぶものはない。あるのは、本来あるべき理想の書斎というステロタイプが決壊し、とめどもなく野方図に、ただ目の前に欲しい本がぶらさがっているから買い続けるという計算の狂った欲だけだ。

しかも、そこに反省は、あまり、ない。

【教訓　その四】

本棚は書斎を堕落させる。必要な本がすぐ手の届くところにあるのが理想。

第五話　本棚のない蔵書生活

亡き主の風格を感じさせる本棚

山田洋次監督、高倉健・倍賞千恵子主演の映画「遙かなる山の呼び声」（一九八〇年）が私は大好きで、これまでに五回か六回は観ている。舞台は北海道。酪農で生計をたてる母子がいて、そこへふらりと男が現れ、「働かせてください」と言う。夫を失った女が倍賞千恵子で、男が高倉健だ。名画「シェーン」を下敷きに、西部劇を現代日本の風土に翻案したこの作品は、大人の男と女の愛情物語でもある。

ある日、倍賞千恵子の従弟《いとこ》夫婦が新婚旅行のついでに、九州から車を飛ばして訪ねてくる。武田鉄矢と木ノ葉のこだ。ここで印象的なシーン。部屋へ上がって、簞《たん》笥《す》の脇に木製の大きな本棚が置いてあり、それを見た木ノ葉のこが思わず言う。「わあ、本がいっぱい！」。それを聞いた武田鉄矢は「兄さん、文学が好きやったもんね」。

しかし本棚をよく見ると、五段ぐらいの棚に、本が並んでいるのは、せいぜい二百冊ぐらい。置物が並ぶ段もある。本の量としては、あきらかに大したことはない。いや、別にケチをつけようというのではない。亡くなった兄さん、つまり倍賞の夫は学者や作家ではない。決まった就労時間のない、肉体を酷使する酪農という仕事に従事していた。近くに本屋もない。おそらく学生時代に買い溜めた本を、売ることもなく、ずっとそのまま持ち続け、仕事のほんの合間に読んでいたのだろう。過酷な生活のなかで、つかのまの息抜きとして読書があった。二百冊あれば、充分とも言える。少なくとも、彼に「蔵書の苦しみ」はなかった、と思う。

小屋を大きくしたような、実用一点張りの二階建て住居。そこに、大ぶりの本棚が一つ、デンと腰を据えて鎮座している。この光景はなかなかいいものだ。そこに本が全部埋まっていなくても、いまは亡き主の風格のようなものを感じさせる。私は「遙かなる山の呼び声」を観るたびに、この本棚が出てくるシーンになると、「来た！」とちょっと身構え、集中するのだ。

それほどいい感じのシーンではあるが、木ノ葉の「わあ、本がいっぱい」発言は、やっぱり、ちょっと衝撃的だった。役の上での話だが、おそらく彼女の部屋に本棚はないはずだ。だから、一竿《ひとさお》の本棚に目がくらむ。本棚一つで「本がいっぱい」なら、五十以上ある我が家は、どう表現してもらったらいいか。

「ジョゼ」が本棚を必要としない理由

本棚のことで思い出した映画がもう一本ある。犬童一心《いぬどういっしん》監督「ジョゼと虎と魚たち」（二〇〇三年）がそれ。原作は田辺聖子作の同名短編。フランソワーズ・サガンの小説の登場人物にちなんで、自分のことを「ジョゼ」と呼ぶ女の子（池脇千鶴）が主人公。彼女は足が悪く歩行がままならず、たまに乳母車に乗せられて祖母と外出する以外、じっと家にとじこもって本を読む。そんな彼女と知り合った大学生・恒夫（妻夫木《つまぶき》聡《さとし》）は、不思議な魅力を放つジョゼに徐々に惹かれていく。

妻夫木、池脇の新鮮な演技もあいまって、映画としての評価も高かった作品だ。ジョゼは、古い平屋の木造長屋に祖母と二人っきりで住んでいるが、彼女が寝起きする部屋は、いたるところ本だらけ。どうも祖母が外で拾って来たらしい。ジョゼは子ども向けの学習シリーズから、内外の文芸書まで、ツンドクではなくてちゃんと読んでいる（チャンドク）。

そんななか印象的なのが、何度か画面に登場するフランソワーズ・サガン『一年ののち』。この小説の主人公の名が「ジョゼ」なのだ。彼女は気に入って、これを自分の呼び名にしている。ここで重要なのは、サガンをほとんど一手に文庫化している新潮文庫版ではなくて、もとの一九五八年刊の単行本が小道具として使われていることだ（いずれも朝吹登水子《あさぶきとみこ》訳）。装丁者のクレジットはないが、これが、華奢《きゃしゃ》な函入りで何ともいいたたずまいの本なのだ。ちなみに単行本も文庫も品切れ中。アマゾンで検索をかければわかるが、「この商品を買った人はこんな商品も買っています」のところに、『ジョゼと虎と魚たち』の文庫もＤＶＤも顔を出す。映画を観れば、誰だって『一年ののち』を、とくに単行本版で読みたくなるはず。ところが、新潮社は復刻する機会を逃してしまった。アマゾンでは文庫版の中古品なら容易に手に入るが、単行本の方は稀少で値段も高い（「日本の古本屋」のサイトでは、二〇一三年六月末段階、二点がヒット。八千～八千四百円がついていた。二〇一七年六月段階でも、函付き完本は八千円以上）。

いや、ここでしたいのはそんな話ではなかった。ジョゼと呼ばれる女の子が、たくさんの蔵書をどんなふうに置いているかだ。映像で観るかぎり、彼女は本棚を持たず、すべての本は畳の上、押し入れの中に積み上げている。殺風景な部屋のなか、本だけがいたるところに山を作っていて、さしずめ、本の城にとじこめられたお姫様、というイメージか。

ジョゼが本棚を持たない理由は簡単で、祖母と二人暮らしの貧しい家庭で、本棚を買う金銭的余裕がないこと。それに、自分の足で立つことのできないジョゼにとって、本棚に本を並べても、上の方の段には手が届かない。座って、自分の頭の高さぐらいまで積み上げた方が、よほど合理的と言える。

きちんと整理して区分けされ、積み上げられているわけではないが、たぶん彼女の頭のなかでは、どこに何があるか、わかっているのだろう。この孤独な本好きな女の子に本棚なんか必要ないのだ。

「万年床のみが生活の場」

私のように、中学生のときに自分専用の本棚を買ってもらってから、そこに本を並べるのを無上の喜びとしてきた人間にとって、そもそも本棚のない蔵書生活というのがあまり想像つかない。

しかし、ここに登場する「退屈男」（ブログのハンドルネーム）さんは、大変な本読みながら、つい最近まで一人暮らしの下宿に本棚はなかった。

「本を積まずにはいられない人のために」と副題のついた、南陀楼綾繁《なんだろうあやしげ》編著『山からお宝』（けものみち計画）には、本来は住居空間たる部屋が本に侵蝕され、ほとほと困り果てた人たちばかりが登場する。ここにカラーグラビアつきで、自らの本棚なし生活を語っているのが退屈男さんである。

「小さな工夫を重ねて」とタイトルのついた文章の冒頭を引く。

「私の部屋の本の山は、コンロ流し台の前と寝床のほか、すべてに形成されています。片側に段ボールを積みあげた玄関は身体をひねらなければ上がれませんし、クローゼットを開くのもひと苦労です。いや、敷蒲団の両端にも本は乗り上げてきて高く壁を築いていますから、谷を流れる河川のような万年床のみが生活の場というわけです」

なんだか、コロラド渓谷を自然を愛《め》でながらトレッキングするような優雅な描きっぷりだが、掲載された写真を見ると悲惨の一語に尽きる。腰の高さ以上に積み上げられた本に、部屋は完全に占領され、まさに倉庫状態。泥棒が入っても、そこに人が生活しているとはよもや思わないだろう。唯一残された万年床の空間（このスペースのみ本が積まれていない）も、すぐ脇の壁際にこれまた本の山が列を成しているので、地震が来たらひとたまりもない。身体は本で埋まってしまう。「蔵書の苦しみ」で言えば、一つの究極の実例といってもいい。

「蔵書の喜び」時代

どうしてこうなってしまったのか。「退屈男」こと本名・関田正史さんに話を聞いてみた。関田さんとは、路上で素人が古本を売る「みちくさ市」ほか、本に関するイベントや飲み会でしょっちゅう顔を合わせているが、本人にちゃんと話を聞くのは今回が初めて。以下、いつも呼び慣れた「退屈くん」を使わせてもらう。

退屈くんは、一九八二年新潟県小千谷《おぢや》市生まれ。取材時点では、まだかろうじて二十代。若い！ 高校まで故郷で過ごし、大学（法政大学法学部）入学のため上京してきた。このとき、板橋区の六畳ひと間アパート（風呂トイレ付きで家賃六万円）に下宿し、そのままつい最近まで住んでいた。卒業後、引っ越せなかったのはひとえに「本の山」のせい。

故郷にいた頃は、近所に小さな古本屋があったが、「いわゆるゲームとマンガが中心のリサイクル店で、ちゃんとした本を探すには長岡（市）へ出るしかなかった」という。〝日ハム〟ファンの父親に連れられて、夏休みになると野球観戦のため上京、東京ドームへ行った。ドームの近くには、スポーツ書が充実した「山下書店」（その後閉店）があり、ここでスポーツ関係の本や雑誌を買うのを楽しみにしていた。

それに、「東京と言えば『神保町がある』」という認識を早くから持っていたようで、高校生になると単独で上京。喜び勇んで神保町へ出かけた。「よくやる間違いですが、最初、神田神保町というので、JR『神田』駅で降りてしまった」。「神田」駅から本の町「神保町」はかなり離れている。それでも憧れの神保町へ詣でて、このときは「ちくま文庫」を袋一杯に買って帰ったという。

そんな本好きの男が、東京で大学生活を送ることになる。結果は知れたことで、ほとんど毎日、本屋と古本屋を巡る日々が始まった。「アパートの最寄り駅は『江古田』だったんですが、大学に入った十年ほど前は、江古田駅周辺にはまだ古本屋がたくさんあったし、よく歩いて上板橋や池袋まで散歩していました。そのたびに本を買って帰るために、目に見えてどんどん増えていった」。

まだ、増えていくのが楽しい「蔵書の喜び」時代であった。

段ボール箱ブロック方式

増えていく本に対して、本棚を買わなかったのは、単にその金があったら本を買ったから。そこで、本を段ボールに詰めて、それを積み木のように重ねて、ブロックを作っていく方法を編み出した。

「だいたい、箱に入れる本のジャンルとかは決めておくんです。まあ、例えばたくさんある本、『植草甚一スクラップ・ブック』とか、山田風太郎の明治ものとか、ある程度の量になるものは一つの箱に入れておく。何が入っているかは、箱に書いておきます」

それを順に壁際からきっちり積んでいく。そうすると、あとで欲しい本があった時、それを順に崩していけば、目当てのものにたどりつく、というわけ。一番手前の、新しい段ボール箱は、一辺を切り抜き、枠をガムテープなどで補強して、本の背が見えるような工夫をした。しかし、それでも本が増えていくと、奥の奥にある箱は当然ながら死蔵されるし、箱に入れないまま積み上げられた本や雑誌も次第に壁を覆う蔓《つる》のように、とめどもなく繁殖し、人が住む部屋とは思えなくなってきた。

「一度、ベランダの非常梯子《はしご》を点検するため業者が来たことがあるんですが、ベランダに行くためには、唯一残されたスペースである万年床を通るしかない。『長いこと、この仕事をしていますが、お客さんの蒲団を踏んで通ったのは初めて』と言ってました」

退屈くんは笑ってそう言うのだが、笑ってる場合じゃないだろうという気もする。この部屋に、付き合っていた彼女が訪れたこともある、というからオドロキだ。

退屈くんは結局、大学に五年通って無事卒業。スーツを着て就職活動もしたが、最初の就職合同説明会が、父親と夏休みごとに通った東京ドームで開かれたとき、入口から入り、会場のブースの脇を素通りして出ていって（説明会はパス）、そのまま神保町へ行ったというから猛者である。

二年かけて蔵書を〝ダイエット〟

その後、大手の新刊書店員として勤めるようになるが、彼らの世代はいわゆる「ロスト・ジェネレーション」と呼ばれる、就職氷河期の卒業組で、正社員として採用されたわけではなかった。好きな本にたずさわる仕事とはいえ、条件面では厳しく、結局退職してしまった。その後は、都内の区立図書館に勤務し、現在は出版社に籍をおく。

「収入のうち、遊びで使うのは野球観戦ぐらいで、あとはほとんど本の購入費に充てます。大学時代も、口に入れるのは学食でライス小、豚汁、それに六十円のひじきを一品つけるぐらい」

本のエンゲル係数がめちゃくちゃ高い。

そんな、本に身を挺《てい》する独り身生活におさらばするときがついに来た。長らく付き合っていた彼女と同居することになり、十年間住んだ部屋に溜まりに溜まった本は、少しずつ処分整理していった。とにかく半端ではない量なので、一気に、とはいかない。経済的に苦しい時は、とりあえず紙袋に詰めてブックオフへ持ち込んだし、知り合いの古本屋さんにも段階的に引き取ってもらった。前述の「みちくさ市」、それに池袋の古書店「往来座」で定期的に催されていた、素人参加型古本市でも本を処分していった。

「二年くらいかけて、減らしていったんです。『ダイエット』と呼んでます（笑）。一緒に暮らす相手も本好きで、相当量の蔵書がある。お互いのダブりを睨《にら》みつつ、要不要を選択しました。段ボール箱に運び出す本を詰めていくんですが、やっぱり迷いがあって、同じ箱を何度も開けたり閉めたりして、五、六回の審査を経て、ようやくあきらめがつく。その頃、図書館に勤め出していたので、図書館で借りて済む本と、自分でどうしても持っておかなくちゃならない本の見極めがついた。それでも、段ボール七十箱は新居に運びました」

本棚はやっぱり便利だった？

二人で蔵書生活を共有するにあたって、退屈くんが自ら課したスローガンがある。

一つ「床に本を積んではならない」
二つ「脱段ボール宣言」
三つ「背表紙の可視化」

この三つは、これまでの蓑虫《みのむし》生活にはなかったことだ。プライバシーがあるので、新居の間取りなどの詳述は避けるが、室内の写真を見せてもらった限り、壁にはすべて本棚が設置されている。「背表紙の可視化」が実現された、美しい部屋である。

「蔵書の苦しみ」の影は、まだ片鱗《へんりん》さえない。

ところで、本棚のある蔵書生活を実現した退屈くんの感想は？

「いやあ、すごく便利なものですね、本棚があるって（笑）。なにより、背が見えているから、欲しい本が、必要な時すぐ取り出せる。また、空っぽの本棚に、段ボールから出した本を並べる作業が楽しかった。手に取る機会の多い本を固めておいたコーナーは『ＶＩＰ棚』と名づけたんですが、ここに野球名鑑や文庫の解説目録、事典類を置いています」

部屋をまんべんなく写した写真を見せてもらったかぎり、衣裳を置くスペースや、衣裳箪笥が見当たらないが、これは「押し入れがパンパンになるほど突っ込んである」とのこと。〝花より団子〟ならぬ〝衣裳より本〟の二人、なのである。

※二〇一三年の取材時点での話。

【教訓　その五】

段ボールに溜めておくと、本は死蔵する。背表紙は可視化させておくべし。

第六話　谷沢永一の蔵書

はじまりは一冊の本の再読から

大正時代のことをいろいろ調べていて、荒俣宏『異都発掘　新東京物語』（集英社文庫※現在品切中）に大正期の「ユートピア構想」について書いた章があったことを思い出して開いてみた。

いや、じつは探したが見つからず、古本屋を回って買いなおしたのだ。最初に読んだのはずいぶん前で、細かいことはあらかた忘れている。ここだけの話だが、年をとって忘れっぽくなるのはいいことで、既に読んだ本でも、改めて新鮮な気持ちで対することができるのだ。まあ、半分、負け惜しみだが。

くわしい紹介は避けるが、『異都発掘』は博識の巨人が知恵と知識を駆使して東京を裏返し、そこに隠されたもう一つの近代都市の顔を暴き出してみせる。めちゃくちゃおもしろい本であります。私が目当てにしていたのは「ユートピア東京」という章で、著者はこんなふうに書いている。

「しかし、なにせ東京は桑畑時代から富豪の大邸宅オンパレード時代を経て、農地解放のあとも原則的に非農地化をめざしつづけた。そこで出てくるのがいわゆるリベラリズム型都市生活やら文化生活などの新しいユートピアなのだが、その面で東京をみつめていくとなれば、これは何を措いても大正時代を採りあげなくてはならない」

岩崎邸の大庭園開放や、文化住宅、同潤会アパートなどをその実例として、大正時代に起こった躁的《そうてき》とも言える「理想郷」思想について、くわしく考証して読ませる。

ネットで本を注文しない理由

前回読んだとき、見過ごしたか、忘れたか。今回読んで目が釘付けになったのは次の箇所。

「たとえば大正初期には人生探訪が流行する。大正二年には栈雲峡雨《さんうんきょうう》なる記者が変装し東京の裏面を探訪する記事が『新公論』に連載され話題を呼んだ。旅役者から花売り娘にまで変装して、人生の暗黒を実体験レポートするのだ」

どうです、おもしろそうでしょう。これは読んでみたい。そこでネット検索をかけました。前回読んだときは、まだパソコンを使っていなかったので、栈雲峡雨なる人物が気になっても、すぐにあきらめたのだろう。まず、普通の人名事典などで引っかかってこないことは間違いないからだ。

今回はネット検索でいろいろなことがわかった。桟雲峡雨とは本名・知久《ちく》政太郎。東洋文庫に『桟雲峡雨日記』なんてのがあって、一瞬おおっと思ったが、これは明治の漢詩人・竹添井井《たけぞえせいせい》の日記で、「桟雲峡雨」は四字熟語として使われていたのだった。ちなみに、山中の架け橋にかかる雲、谷間に雨といった意味らしい。転じて、人生の心境として用いたものだろうか。明治、大正の新聞記者は、ペンネームを使って仕事をしていたのだ。

桟雲峡雨記者は、『記者探訪　裏面の東京』（大正三年　坂東書店）、『変装探訪世態の様々』（大正三年　一誠堂書店）などの著書を持つ。ほかに『催眠術の極意及原理』（大正六年　永楽堂書店）なんて、変な本も書いている。明治末期から大正時代にかけて、催眠術が大流行した。

紀田順一郎『東京の下層社会』（ちくま学芸文庫）によれば、大正期、「新聞記者が取材のため変装するのは日常茶飯事」で、実例として村川助三郎『東京闇黒記』とともに、知久の著作が挙がっている。『人生探訪変装記』（大正元年）という本もあったようだ。岩波文庫に収録されているが、明治期にも横山源之助『日本の下層社会』、松原岩五郎『最暗黒の東京』（両書とも岩波文庫に収録）といった同様のルポルタージュがすでにあった。明治・大正期に、この手の下層社会のルポが流行ったことがわかる。

しかし、知久の著作を、当時出た版で手に取るのは難しい。「日本の古本屋」などで検索するも、元版は見つからず、三一書房から出た「近代庶民生活誌」シリーズに、一部収録されていることがわかったぐらい。『変装探訪世態の様々』は、一九九八年に本の友社から復刻版が出ているようだが、これもいまや手に入れられるかどうか。

ところが、ないとなると現物を手に取りたくなる。古書会館で開かれる即売会の棚にごろりと転がっていたり、デパート展で裸本《はだかぼん》が安く出ていることがないかしらと、桟雲峡雨および知久政太郎の名が刻み込まれるのである。いつも言うのだが、古本買いに、金はあまり必要ではないが、好奇心だけは絶対不可欠の動力源だ。

こうして、『異都発掘』という一冊の本を手に取ったことから、後を追うように次々と読みたい本が数珠つなぎで出てくる。きりがない。そして本が増えていくのだ。だから、今回のように入手困難なケースもあっていい。簡単に手に入るようになると、それはそれで困ったもので、やっぱり本が増えていく。ちょっと手に入りにくい本があるぐらいが、ちょうどいい。ネットによる手軽な注文を、だから私はなるべく禁じている。

しかし、どこを探しても見つからない、この桟雲峡雨『記者探訪　裏面の東京』をちゃんと所持している人がいた。恐るべし、古書通の文芸評論家・書誌学の鬼、故・谷沢永一である。

小学生にして古書店に出入り

谷沢永一（一九二九年生まれ）は二〇一一年三月八日に心不全で死去。享年八十一。大ベストセラー『人間通』をはじめ、多数の著書を世に送ったが、谷沢が何たるかを知るには、『完本　紙つぶて』（文春文庫、のち自作自注を付した最終版が文藝春秋から二〇〇五年に出た）にあたるのが一番だ。三十五年もの長きにわたり、ただ黙々と、世にはびこる無定見で空疎な著作をばっさり斬り捨て、目立たぬが誠実で徳の高い研究を拾いあげ、称揚した書評コラムの集成。

相手が著名な研究者であろうが、国文学の大物であろうが、書かれたものに不備があれば、向こうずねを蹴飛ばすような批判をした。その舌鋒《ぜっぽう》の鋭さに、みな、たじたじとなったのだ。

一つ例を引く。岩波書店「日本古典文学大系」の『萬葉集』全四巻の共著者に、高木市之助の名はあるが、「単に解説のみ」を書いたにすぎないと断罪。「誰が見ても萬葉集の校訂注解を担当する学力もない者が、東大国文出身の先輩で、超大ボス久松潜一より六歳年長ゆえを以て、本文にタッチせぬ校注書に偽りの共著者として虚名を掲げ通した度胸はしたたかなもの」と言ってのけた。高木本人ならずとも身震いがする。

逆の例を一つ。「また岐阜県坂下高校文芸部の『友樹』は、第三十八号（昭和四十一年十月）の『葉山嘉樹特集』以来、学生のまじめな作品研究と、指導した教諭浦西和彦の葉山年譜考証の画期的な綿密さとで学界の評判になった」とは、各地の高校文芸部が作った雑誌を賞賛した回の一節。目配りの広さと確かさが認められる好例だろう。そして、ここに名が挙がる浦西和彦は、のち谷沢が教授を務めていた関西大学文学部に引き抜かれていく。

谷沢は自ら書いているが、小学一年生のときから新刊書店に出入りし、やがて古書店へ足を運ぶようになり、小学三年のとき、島崎藤村の四詩集『若菜集』『一葉舟』『夏草』『落梅集』の初版揃いを買ったという恐るべき子どもであった。谷沢は現在の天王寺区、四天王寺あたりに生まれ育つ。中学校へ入ると、南大阪一帯の古書店の店主と口をきくようになる。すでにいっぱしの蔵書家であった。中学三年にして、六畳の書斎を持ち、そこには足の踏み場もないほど本があふれかえっていた。大阪空襲でこれらは灰燼《かいじん》と化すが、もうその翌日から、また古書店を回って蒐書《しゅうしょ》に励んだと書いている。

すさまじいの一語だ。おそるべき十代の並外れた古書蒐集への蕩尽《とうじん》ぶりは、『書物耽溺』（講談社）に書かれている。こんなふうだ。

「中学校から帰宅する途中に久保書店があって、毎日顔を出しているうちに、中野重治『斎藤茂吉ノート』を見つけた。南海平野線で二駅寄り道して阿倍野斎場前で降りると、磯本丈一さんが出征した友人の店を預かっている。社会科学に格別詳しいので、座りこんではまだ知らぬ本について十分教わった。関西大学予科へ入ると地下鉄御堂筋線を難波で途中下車する。そこに明治文学の権威である伊藤一男さんのカズオ書店がある。しょっちゅう買物をしているうち、伊藤さんが、ちょっとこっちへ、と店の隅へ連れてゆき、これ、今のうちに買うときなはれ、これから先き役に立ちまっせ、と勧める。『文章世界』の揃い本誌合本である。残念なことに臨時増刊がない。しかし何時か見つかるだろう。カズオさんの言うことに間違いはない」

このあとも、天牛《てんぎゅう》書店・尾上政太郎（蒐文洞）、黒木書店の黒木翁などとのつきあいが語られる。ここで、やっと私も顔を知る名前が出てきてほっとした。道頓堀角座前にあった天牛で、でっぷりした尾上番頭の姿を、神戸元町の商店街でひときわ黒っぽい本を並べ、客を威嚇《いかく》するような鋭い目で見つめる黒木さんを、私はちらりと目撃したに過ぎない。二十代だったが、恐ろしくてとても声などかけられなかった。しかし、谷沢は、書くものは厳しく恐れられているが、人なつっこい双眸《そうぼう》を持つ一面もある。名うての古書店主たちの懐《ふところ》に飛び込み、大学などより、むしろ古書店での会話から、多くのことを学んでいく。

谷沢永一「伝説」の書斎

雑書蒐集歴をからめた自伝『雑書放蕩記』（新潮社）に、谷沢の書斎遍歴が語られている。これをもとに、希代の蒐集家がどんなふうに蔵書の保存に努めたかを見ていく。

まずは天王寺中学三年生。すでに古本屋通いは「病」のつく専心ぶりで、「南大阪のどの町どの辻に店構えがあるか、既に殆《ほとん》ど知り尽くしているので、道順を案じながら回遊魚のように尋ねまわる」といったふう。もと大工の父親が腕を奮い、二階の天井裏に小部屋を造ってくれた。わずか三畳間、かろうじて天井に頭がつかえない小部屋だったが、夕食後、中学三年の谷沢少年は「一国一城の主となる」。「書斎に座して壁面の蔵書を見渡しているとき、その静まりかえった僅かながらの燈下だけが、愛おしく満ち足りた我が世界である」と書く。

あまりに読書に熱中しすぎて、学校では劣等生、時代は次第に激しくなる戦火のなか、勤労動員で工場に通わされる生活だったのだ。この三畳の城は、昭和二十年三月十三日夜の大阪空襲であっけなく燃え落ちる。一夜明けて、すぐに「私はささやかながら蔵書の再建にとりかかった」と、古本屋通いを始めたのは前述のとおり。

戦災のあとに一家が住んだのは阿倍野区昭和町。「二軒小間中《にけんこまなか》の二階建て」という小さな家屋に、父親の職人気質《かたぎ》がうずきだし、息子のために、二階を拡張して小部屋を造ってくれた。「裏塀の向うは汲み取り道であるから、塀の上に内と外へ張り出して四畳ほどの部屋ができた」。これが、あの開高健との邂逅《かいこう》と蜜月の日々を熟成させた伝説の書斎である。

周囲の壁には、東と南に一面の作り付けの本棚があり、西側には奥の浅い戸棚を置いた。部屋の中央に小さく低い机と椅子二つ。「身動きも儘ならぬ効率的な城が出来た」という。写真が残っているわけではなく、当方としては、ぼんやり想像するだけ。ところが、日本の古書店の店内を克明な鳥瞰図《ちょうかんず》で再現する名人、イラストレーターの池谷伊佐夫さんが『書物の達人』（東京書籍）のなかで、「谷沢永一氏の〝伝説の書斎〟」と題して、見開きで視覚化してくださっている。これを見て、ようやく私も、なるほどこういう部屋だったかと納得がいったのである。

同著の記述を借りれば、母屋に隣接して、一部塀の外の狭い汲み取り道にまでせり出した空中に浮かんだ小部屋は違法建築だった。谷沢は大学へ入学するも、三年まで一度も校内に足を踏み入れることなく、この鳥小屋の書斎に籠《こも》った。そこに一年後、訪ねてきたのが「やたら声の大きい怒り肩」、一つ年下の若者だった。これが開高健だ。池谷さんのイラストでは、ちゃんと若き日の二人が向かい合った姿も描きこまれている。開高はこの書斎にせっせと通い、大きなフロシキに谷沢から借りた蔵書を包んで持ち帰っていたという。

「私にとって昭和二十年代後半の二坪ばかりで塀の上に浮いた書斎が、一生の基礎を作ってくれた」(日本の名随筆『書斎』作品社)と谷沢は書いている。

昔の廊下は蔵書空間

開高健の目には「伝説の書斎」がどう映ったか。「谷沢永一のこと」(『ALL MY TOMORROWS IV』角川文庫)にはこう書く。

「当時の彼の書斎は文学、哲学、経済学から面白くてタメになる雑書本をも含めて天井から床まで鬱蒼《うっそう》としていて、私はそれを見るだけでたのしいような、畏怖《いふ》であるような、のしかかってくるようなものをおぼえさせられた。それからは毎夜のようにそこにかよって大風呂敷《おおぶろしき》につめこみ、夜ふけの道を肩にかついで家にもどるという習慣になった」

大学生にとって充分すぎる書斎のようだが、「雑本(がらくた)の蒐集癖が病みつきに」なり、蔵書は増殖し母屋へまではびこるようになる。押し入れの僅かな隙間にも本は忍び寄り、全集や講座などの揃い物は二階の床の間へ、縦に積みあげた本の山を、後でどこに何があるかを迷わぬよう「発掘用の埋蔵見取り図」を書いた。昭和二十五年に、谷沢は開高と「えんぴつ」という、これまた伝説的な同人誌を創刊させ、書き手としての助走を始めるが、ここでは触れない。書斎遍歴の先を急ぐ。

以下、同じく『雑書放蕩記』から。

昭和二十八年十月、母の死去を機に、家を出て独立。美章園駅《びしょうえん》（大阪市阿倍野区）に近い植島家の二階に下宿する。六畳と三畳の二間だったが「沢山の本は持ち込めないので蔵書の殆どは昭和町に置いた儘にしておかざるをえない」。谷沢は大学を卒業し、大学院生の身分だった。

昭和三十年に文学部助手の辞令を受け、翌年春、住吉区万代東《ばんだい》の住居に移る。「一階と二階に廊下のような空間があるのを幸い、そこに書棚を並べた。併せて十坪ぐらいいか」とある。昔の木造二階建ての標準的住居がうらやましいのは、部屋のまわりに、長い廊下があったこと。いまは、玄関を開けるといきなり部屋がある。

じつは蔵書空間として、庭に接する廊下こそは、はなはだ使い勝手がよかった。

昭和三十四年一月、結婚。四月に専任講師となり、三十五年秋、宝塚市売布《めふ》の建て売り住宅を買う。それまで大阪の南にいた谷沢が、関西大学（大阪府吹田市）への通勤の便を考え、阪神間へ移り住む。

売布の住居に「隣接して二十坪を増築、うち十三坪を書庫、七坪を書斎とする。ようやく蔵書を一箇所に集めることができた」。それまでは、伝説の書斎にまだ本は残してあったから、蔵書は分散していた。気持ちを半分残したまま生きるような読書生活だったのが、新しい書庫ができたことにより解消したわけである。この喜びは、わかるなあ。

三十七年、助教授に昇進、四十一年一月、これが終《つい》の住処となる川西市花屋敷に新築して移住する。「一階と二階に十坪ずつの書庫を設える。四十三年教授。その間、蔵書は増える一方」で、懇意にしている古書店に何度か蔵書を処分した。

それでも買う量に書庫のキャパは追い付かず、五十六年八月、第一回の増築。これで四十坪となる。その後、さらに増築し五十坪。

標準的な町の古本屋、それもやや広めの店舗が、だいたい十坪ぐらい。それを五軒分あわせた書庫を持っていることになる。本好きにとって、「すごろく」で言えば「あがり」に近い夢の城だったはず。

スチールの本棚は地震に弱い

ところが、大量の本を蔵して、人間の方が従属するような生活は、何か「こと」が起きたら、まずおしまいだ。その「こと」が谷沢永一宅を襲った。平成七（一九九五）年一月十七日、阪神・淡路を直撃した震度七の大震災である。死者約六千五百名、全壊家屋約十万五千棟、焼失した住宅も六千棟を超えた。高速道路がねじまがり、崩落し、町を焼き尽くす業火の上げる黒煙が、空を覆った。「戦争を知らない子供たち」である私にとって、それは初めて目にするような、日常が一瞬にして非日常に変わる、畏怖すべき光景だった。

『雑書放蕩記』巻末「さてもそののち――後記に代えて」に、蒐書六十年、蔵書十三万余冊の蔵書家が被災した体験を綴っている。

「幸いに我が家は改築の直後だったので、家屋の損傷は免れたが、書庫の災害は無惨であった。二階の最も古い部分は書棚がすべて将棋倒しになり、本は悉く吐きだされて散乱している。隣接するより新しい部分は書棚が多少ゆがみつつ立っているかわりに、本が洩れなく棚から飛びだして床に堆く積もり重なっている。階段を上がったところにある縦長の書棚は下まで一直線に転がり落ちた。一階の書庫は揺れが少なかったせいか、本がかなり書棚に残っているものの、その本を載せたままの書棚がねじれながら四十度ほど傾いている。いずれにせよ踏みこむこともできない危険にして乱雑きわまる打撃である。余震がまだまだ続いているので、当分は手を着けず、放っておくしかないであろう」

六千人超の死者を前に、本のことなど二の次、三の次で、惨事の直後には、とても語れる空気ではないことは、二〇一一年の東日本大震災でもわかった。それだけに、谷沢のこの記録は貴重である。

簞笥には引き出しがある。食器棚にはガラス戸がはまっている。書棚にはそれがない。すべて剝き出しである。もちろん、一部、ガラス戸、開き戸のついた、ご大層な書棚があるにはあるが、それは、蔵書量の少ない、少量の蔵書でがまんできる人が、大切に本を保管するためのものだ。二万冊、三万冊と本が増えたら、そんな手間のかかる上に高価な書棚はバカバカしくて使えない。簡素で、実用本位な、既製の本棚に並べるしかない。これらは、基本的には垂直の板に水平の棚を渡しているだけで、地震が起きた場合に飛び出し防止のストッパーなどついていない。

既製のスチール本棚は、強い揺れがあった場合、本が飛び出すかどうかまでは配慮していない。地震にはきわめて弱い、といっていい。谷沢家の書庫にある本棚は、いかに効率よく、棚にさまざまなサイズの本が並ぶかは考えられていたが、地震対策はほとんどなされていなかったようだ。そもそも、一九九五年一月十七日のその日まで、阪神間に、そのような歴史的な大地震が起きると想定する者は少なかった。

谷沢は「一階の書庫は揺れが少なかった」と書いているが、一階と二階では、被害の差が段違い、というのも教訓になった。高層マンションの最上階となれば、揺れは倍加する。とくに、耐震構造というのがくせもので、わざと上の階は柔軟に揺らすことで、建物のダメージを防ぐように設計されている。同じ震度であっても、一階と十階とでは、まるで違うのだ。少なくとも蔵書家は、マンションに住む場合、単純に見晴らしがいい、家賃が安いからと、上の方の階を選ぶべきではない。

私の知り合いにも蔵書家は多いが、都内に住む二人の東日本大震災体験を聞いてみた。Ａはアパート二階に足の踏み場もないほど、本が充満した仕事場を持っているが、やはり本は書棚から飛び出した。書棚も歪《ゆが》んだようだ。Bはマンションの七階。さすがにかなり揺れたようで、書棚二本が倒れ、使い物にならなくなったという。

「蔵書のイノチは分類である」

私の書斎も書棚こそ倒れなかったものの、積んである本、本棚の上部に置いた本などは床に散乱した。落葉のように降り積もった床はいまだそのままで、仕方なく本を踏んで歩いている。おかげで、本がいく冊も壊れた。歪んだり、函が壊れたり、表紙が破れたり、無惨な姿をさらしている。本は踏むものではない。

せめて歩いて通れるだけのスペースを空ければいい、と言われればその通りだが、そのためには、一時しのぎではダメで、もっと根本的な蔵書環境の改善が必要になってくる。これがなかなか難しい。

谷沢はどうしたか。先の惨状を「産経新聞」に書いたところ、司馬遼太郎が速達で見舞いと書庫の後始末について適切な処置を書いてくれた。

書庫の大混乱は「いのちを掻きまわされたようなものでしょう」と、蔵書家の心底を見通した心情あふれる挨拶に始まり、いったんは他人の手を借りて修復し、暖かくなってから、自らの手で整理を「気永になさればどうでしょう」と勧めた。この「至れり尽くせりの御配慮」をありがたく受け止め、大工を手配し、修復を人任せにした。

「たちどころに傾いた書棚が起こされ、倒潰した書棚の解体処分が進む」。書庫に本を入れるのもお願いし、「一日で本が立ち並んだのには感動した」と書いている。そこで、十三万冊の蔵書を、もとのように並べるのは無理と判断、「蔵書の縮小」を決意する。

私が知り合いの古本屋さんから聞いたところでは、三・一一以後、東京でも客からの買い取りが一挙に増えたという。おそらく、書棚が倒れるなど、蔵書家ならではの被害に遭った方だろう。平常ならうっとり眺める書棚の列も、いったん異変あらば、凶器と変貌する。家人にも「何とかしてくださいよ。家がつぶれます」などと嫌みを言われ続けても、一冊一冊、気持ちを込めて集めてきた蔵書への思いは、簡単に断ち切れるものではない。

それが地震という、外部からの暴力的な攻撃により、思いを断ち切る（目が覚める）きっかけとなる。谷沢もそうだった。「或る本が書庫のどこかにある筈だ、というていたらくでは持っていないに等しい。蔵書のイノチは分類である」と肝に据え、古書界への放出を決心する。

蔵書処分を依頼した先は、京都の老舗古書店「赤《あか》尾《お》照文堂《しょうぶんどう》」。河原町商店街の三条と四条のちょうど中ほどにある。「国文学を中心とする最も本格的で引き締まった店構え」と谷沢が書くとおり、表通りに面した入口脇のガラス越しに、文学全集が積み上げられるのが見え、店内に入るのにも独特な緊張感がある店だった。いま「だった」と書いたのは、谷沢が評する店構えは今はなく、二〇〇六年に店は改築。一階が「ちりめん和雑貨」を商う「かざり屋」と名を改め、赤尾照文堂は二階へもち上がった。国文学を中心に、整然と良書が棚を埋めつくす姿は消え、古版画や刷り物を中心とするギャラリーふうの店に変わってしまった。

京都で学生時代を送った私としては、そうひんぱんに買うというわけではなかったが、河原町通りへ出たときは、必ず赤尾さんに立ち寄り、しばらく日本文学の棚の前にたたずんで、書物との対話を楽しんだものだった。そのことを思い出すと、ちょっと淋しい気持ちがする。

古本屋さんは何を思って縛る

まあ、それは別の話。平成七年、地震があった一月十七日からほぼ一カ月後の「二月十一日を皮切りに合計四回、殆ど朝九時から夕方までの大活躍」により、赤尾照文堂による蔵書整理大プロジェクトが始まった。その処分風景は、こう描かれている。

「さあ始めましょうと、私が本棚から放出すべき書物を抜きとってゆく。倒壊後に棚へ闇雲に戻した儘だから順序も分類もあったものではない。それを赤尾さんが頭のなかで整理しながら、おおよその仕分けをして床のあちこちに並べ、或る程度のまとまりがついたところで紐にかける。私はどうしても立ったりしゃがんだり、左右に体をねじったりするものだから、腰が痛いとついへたりこむが、常日頃から鍛えてある赤尾さんは憎らしいほど平気である」

段ボール数箱に収まる小処分なら、まずは、どんどん書棚から本を出して、箱に収めるだけの作業だが、数千冊、数万冊といった規模になると、古本屋さん側の作業工程もまるで違ってくる。谷沢家から放出された蔵書は、二トントラック三台分になったという。

私も数千冊の蔵書処分は、過去に四、五回経験があるので、古本屋さんがいかに本を縛っていくかは、つぶさに見ている。蔵書二十～三十冊くらいを一単位にして、紐で縛っていくのだが、その際、ただ単純に目の前の本を積み重ねて縛るわけではない。

古本屋さんにとっては、客から買ってきた本を店（あるいは倉庫）に持ち帰った後が重要なのだ。業者としての段取りの問題になるが、たとえば、大別して、店の棚へすぐ補充すべき本、業者市で処分する本、倉庫でしばらく寝かせる本と、瞬時に判断して縛っていくのだ。「おおよその仕分けをして床のあちこちに並べ」と谷沢が見て取った作業は、そのためだ。もちろん、同じ作家のものを固めたり、ジャンル別に固めるということもあろうが、客の側からは見えない、業者独自の判断基準で分類されていく。

二流を読み漁った効用

ところで、処分するにあたって、谷沢はどういう基準で残す本と売る本を決めたか。このとき、谷沢は六十五歳になっていた。長らく勤めた関西大学も、六十一歳のとき、退職していた。そんな執筆者として置かれた立場も、蔵書処分に影響してくる。

「若い時に名著だという触れこみに釣られて買った本が、軒並み殆ど私の役に立たなかったようである」。手許《てもと》に残したのは「超一流の学者の著述」。ただし「二流以下をもし読み漁らなかったら、ひょっとすると超一流を超一流と認めることができなかったかもしれない」と言う。さすが蒐書六十年、脳に本のタコができるほど、書物の大海を泳いできた人物ならではの含蓄あることばだ。

さらに谷沢流名著見極め術として興味深いのは、「外装のいかめしくない気易くしとやかな類いの本に、有益なヒントが沈められている」と指摘していること。そこで例として挙げられているのが、「サントリークォータリー」という雑誌に掲載された淀川長治の談話である。

淀川は谷崎と三島を比べ、三島は「論文的に、大学の教室的にうまい」だけで、谷崎に比べたら「子供」と斬って捨てている。この谷崎・三島比較論を、談話の一部ながら「これは何物にも煩わされず何物にも気兼ねせず自分の眼を光らせている人の発言」として重んじる。
この一言のために世に喧伝《けんでん》される名著と言われる立派な本はさっさと処分し、「サントリークォータリー」は谷沢の書庫に残された。

【教訓　その六】

本棚は地震に弱い。地震が起きたら、蔵書は凶器と化すことを心得ておくべし。

第七話　蔵書が燃えた人々

坂崎重盛の隠れ書斎

私が尊敬するもの書きの一人に坂崎重盛さんがいる。東京下町生まれの江戸っ子で、著作には『東京読書』（晶文社）、『東京文芸散歩』（角川文庫）など、東京の町歩きをベースにしたもの多数。一九四二（昭和十七）年生まれ。

坂崎さんは、コレクターでもあり、本で言えば江戸東京もの、画家の随筆集、それにステッキやひょうたんをかたどった小物などを蒐集している。それを、自宅ではなく、わざわざ部屋を借りて置いているのだ。

私はお邪魔したことがないが、「dankai パンチ」（飛鳥新社　二〇〇八年六月号）「特集／いまこそ理想の書斎を手に入れる。」に、「『超隠居』を楽しむエッセイスト」としてカラーグラビアとともに登場している。

記事（工藤博海）によれば、坂崎さんは市川市・本八幡《もとやわた》にアパートを一室借りている（このアパートは立ち退《の》きにあい、二〇一三年現在は別の場所へ移転）。ここに、本とコレクションを置いているようだ。本八幡は、坂崎さんが大好きな永井荷風が晩年を過ごした町（坂崎さんは「偶然」だと言うが）。六畳ひと間と四畳半のキッチン。家賃は四万円。

写真を見ると、六畳間の中央に小さなちゃぶ台があるだけで、あとはぐるりと壁に本棚をめぐらせ、窓辺にはいろんな大小のひょうたんがぶらさがっている。そして方々にステッキが本を背に並ぶ。いかにも趣味人、といった部屋だ。

写された本棚を見ると、三田村鳶魚《えんぎょ》、平山蘆江《ろこう》がかなりの数を揃え、挿し絵や版画に関する著作や資料、カタログ、明治期から昭和初期ぐらいの旅行案内や旅行記など、的を絞った蒐集ぶりだ。純文学などといった無粋なものは、ここに置かれない。「粋筋」だけが集められている。古本好きで、コレクターで、町歩き好きというところは、「和」風の植草甚一、といった趣きもある。

坂崎さんは自宅と仕事場の中間にある、電話を置かないこの部屋へ、週に一、二度訪れる。ここで原稿を書き、本を読み、近所へ飲みに行き、そのまま泊まっていくこともあるそうだ。自分が住んでいる町以外に、自分独りになれる自由な部屋がある。これは、男の究極の憧れではないだろうか。そこに女性がいたら……いやいや、それは別にお金がかかるし、別の修羅を生む。男の趣味は「修羅」ぬきで行きたい。

「燃えたらすっきりする」

木造のアパートに、本や木製のステッキ、ひょうたんの小物などだけが集められた部屋は、見た目にも燃えやすいものばっかり。取材者が「火事になったら大変ですね」と思わず聞いた、その返事がすごい。

「そうなったらそうなったですっきりするんじゃないかな」

坂崎さんは、おそらく本気でそう考えている。

コレクターにも、常軌を逸した「血道をあげる」タイプがある。家族を顧みず、金銭的にも時間的にも、ただ人生のすべてを「蒐集」にのみ費やす。蒐集する対象がすべてで、それ以外は目に入らない。そうした人が、もし火事でコレクションのすべてを失ったら、それは「死」を意味するだろう。

坂崎さんはちょっと違う。目ざすは「隠居」で、コレクションはそれに付随して勝手についてきたもの、なのだ。そこに「蔵書の苦しみ」は見えない。狂気のコレクターではなくても、コレクションは集まると量的に空間を圧迫し、欠損を埋めるための「煩悩」も生まれる。大きな犬を散歩させている非力な小男のように、コレクションが力を持てば、それにふりまわされるようになる。

坂崎さんの隠れ書斎、通称「ひょうたん部屋」

写真を見る限り、坂崎さんの隠れ書斎は、コレクション以外の調度や家電製品がない分、まだ余裕があり、空間的調和が保たれている。それに、坂崎さん自身が、ガツガツと飢えた蒐集家ではない。いつでも「振り出し」に戻れる。そうした恬淡《てんたん》さが、坂崎さんの魅力であり、それは文章にも表れているのだ。

燃えたら燃えたで、すっきりする。それで「蔵書の苦しみ」から解放される。

過激なように見えるが、蔵書家として覚悟すべき考え方かもしれない。戦災、火災、地震による火災、あるいは津波による消失、じっさい、いつでも我が身に訪れるかもしれない。自分だけはだいじょうぶ、という根拠はどこにもない。

関東大震災、それに太平洋戦争をくぐりぬけた作家や評論家などの文章を読んでいると、彼らの多くが、火災で蔵書を焼失していることに気付くのだ。

永井荷風の場合

大物は昭和二十(一九四五)年三月十日の東京大空襲に被災した永井荷風。荷風は大正九(一九二〇)年、麻布市兵衛町(現・港区六本木一丁目六番地あたり)の貸し地に建てられた、木造二階の洋館に住む。「麻布新築の家ペンキ塗にて一見事務所の如し、名づけて偏奇館といふ」(偏奇《へんき》はペンキと掛けてある)と『断腸亭日乗』に記述がある家を蔵書もろとも空襲で失うのだ。

「三月九日。天気快晴。夜半空襲あり。翌暁四時わが偏奇館焼亡す。」に始まる、その夜の冷静かつリアルな描写は名文として、さまざまなかたちで後の世に引用される。同日記によれば、荷風はその夜、窓辺に火の明るさを認めて、隣人の叫び声で空襲を知り、「日誌及草稿を入れたる手革包《てかばん》を提げて」庭へ出る。その後、いったん家から離れるが、二十六年住んだ我が家の行方を見守るため、電信柱また立木の陰に立つ。他に比べ、自分の家がいっそう炎を上げるのは「これ偏奇館楼上少からぬ蔵書の一時に燃るがためと知られたり」などと書いている。

たしかに大量の蔵書は、いったん火がつくと、家屋をさらに燃やす燃料の役目を果たす。荷風のことだから、フランス文学の洋書や漢籍など、貴重な本をたくさん持っていたはず。またすぐ手に入るというような書物は少なかったろう。

荷風の蔵書がどんなものであったか、一端がうかがえる一文に「虫干《むしぼし》」がある。一九一一年発表、というと明治四十四年。大正九年に移った偏奇館にも、これらの本があったと思われる。「毎年一度の虫干の日ほど、なつかしいものはない」と始まる文章で、「今年の虫干の昼過ぎ、一番自分の眼を驚かし喜ばしたものは、明治初年の頃に出版された草双紙や錦絵や又は漢文体の雑書であつた」と書く。これらは、漢詩人の父・久一郎の蔵書のようだが、おそらくそのまま荷風が受け継いだのではないか。

出てくる書名は、『東京新繁盛記』、古河黙阿弥《ふるかわもくあみ》の著述に大蘇芳年《たいそよしとし》の絵を挿し入れた『霜夜鐘十時辻占』などの戯作、あるいは『新橋芸妓評判記』『東京粋書』『新橋花譜』といった色町のガイドブックなど。「大川筋の料理屋の変遷を知るに足るべき『開化三十六会席』と題した芳幾《よしいく》の錦絵」などもあった。

それが目の前で灰になっていく。どんな思いで見ていたか、知りたいところだが、感想は書かれていない。ただ、翌々日、燃え残りの灰のなかから、三つの品を掘り出す。「かつて谷崎君贈るところの断腸亭の印、楽焼の茶碗に先考の賞雨茅屋と題せしもの、また鷲津毅堂先生の日常手にせられし煙管なり」。

蔵書は家とともにすっかり燃えつき、残ったのはこの三つだけだった。

植草甚一・北川冬彦の場合

植草甚一も、昭和十九（一九四四）年十一月二十四日の空襲に遭っている。明治四十一（一九〇八）年生まれの植草は、このとき三十六歳。もとは東宝宣伝部にいて、日比谷映画主任を経て、新宿文化映画へ移った頃。空襲の日には家にいなかった。翌日、溜池付近を歩いていたら、姉と遭遇し、そこで家が焼けたと知る。生家は日本橋小網町にあったが、関東大震災を機に両国瓦町へ移る。昭和十（一九三五）年に姉と青山に住む。空襲で焼けたのはこの家だろう。「ただ油紙にぼくの大事な本を包んでいたのを庭の池へ、おっぽり込んだ。十冊ばかりでしたけれど、半分助かった」とは、姉の言葉でわかった。

機転のきく姉がいて助かったが、しかし、たった十冊では……。しかも、そのうち無事だったのが「半分」となると心細い。中身は「全部エロ本」で、というのは植草一流の言い方で、過激な性描写のあるヘンリー・ミラーなどの文学書（当然、洋書だろう）だったという。

しかも、植草はこのあと、自分の家の焼け跡を訪ね、貴重な経験をしている。「焼けた本の山は真白な灰の山でした。きれいでしたねえ。足をつっこんだら、ズブリと膝まで入っちゃった。まるで軽いケーキの中へ足をつっ込んじゃった感じでした」

本を全部焼いて、白い灰になったところへ、足をつっこむというのは、やろうと思ってやれることではない。しかし、そこに大切な蔵書を失った失望も後悔も感じられない。「きれいでしたねえ」というのは、実際そうだったのだろうが、負け惜しみか。それとも、茫然とした心境を、そんなふうに表現しているのか。

植草より八歳年上、明治三十三（一九〇〇）年生まれの北川冬彦は、「馬」というタイトルを持つ「軍港を内臓している」という短詩で知られる詩人、映画評論家。東京空襲で蔵書を焼いた体験を「本の尊さ」という文章に書いている（『詩と随筆集　カクテル・パーティ』昭和二十八年　宝文館）。短いので全文を引く。

「私に本が一冊もない、ということは有りえないことの筈であったがそれが現実に起きたのだった。アメリカの焼夷弾が一夜で、私の数千冊の本を焼き尽したのである。

一冊も本がないということは、どんなに不安で空虚であるか。それは一冊も本がない環境に置かれないと、想像できないことである。日本国中の本が全部焼かれたと感じたあのときでないと感じは出ない。疎開された本が残っているなぞと考え及ばない、目の前の本の灰の山を見つめた者でないとわからない感じである。本はまさしく生命である。もはや、私は生ける屍だと感じた。

私は時機を失って一冊の本も疎開させていなかった。防空壕に入れてはべとべとになるのでその儘にしていた。たゞ一冊、本ともいえない古い千切れ千切れの仏和辞典が壕の荷物にまぎれ込んでいた。味気ない辞書のフランス語と日本語の一字一字が花よりも美しく、どんなに私を慰めてくれたことか。その記憶は今なお鮮かで、私に本の貴さを反省させてくれるのだ」

書き写しながら、また感動してしまった。数千冊の蔵書の持ち主だったのに、「本が一冊もない」状態。その喪失感の深さ。そこへ、一冊だけ見つかった仏和辞典。本来、必要がなければ開かない「本」が、いまや貴重な一冊として、一字一字を慈しむように読む。その気持ち、わかるなあ。

ところで、植草のように、足をつっこんでみなかったにせよ、北川も、本が焼き尽くされた後の、白い灰の山を見ている。周りが焼けこげて火事場に残骸として残った本は目撃したことがあるが、すっかり灰になるまで燃えたということで、アメリカの焼夷弾の威力を物語る。

福原麟太郎の場合

私も夢のなかで、自室が焼失し、それまで買い込んできた本が、すべて灰になった体験(?)をしている。燃え盛る火が、帰宅途中の道すがら、遠目に見えて、まさか自分の住むアパートではあるまいなと近づいていくと、やはりそうだった。火事見物に集まった群衆のなかにまぎれて、ただ、具体的に「あの本」「この本」と、焼けて惜しまれる書名が脳裏に浮かんでくるのだ。北川は「一冊も本がないということは、どんなに不安で空虚であるか」と書いているが、それはもともと、大量の蔵書を持っているからであって、「一冊も本がない」家はざらにある。持っているがゆえの「不安」であるし、失った「空虚」であるのだ。因果な話である。

トマス・グレイ研究などで知られる英文学者でエッセイスト、福原麟《りん》太《た》郎《ろう》が空襲で蔵書を焼いたかどうか、調べがついていないが、火災による焼失を極度に恐れた文章を書いている。「書籍と職業」というタイトルで、昭和四（一九二九）年「教育週報」に掲載された（随筆集『昔の町にて』垂水書房　一九五七　所収）。

「僕は下宿屋にいる頃から、若し火事があったらどうしようという心配をいつもしていた」と書き出されるのだが、下宿生活をしていた学生時代から、火事を心配するというのは珍しい。なにしろ、外出して芝居などを観ている最中でも、家の本のことが気になるというのだ。

「火事となれば本は焼いてしまうより他ないと観念はしている。然し焼くのが惜しいという気は幾ら追っ払ってもついて来る」という。まあ、そうだろう。福原は東京高等師範英語科在学中から「英語青年」などに論文を執筆、卒業後、母校の助教授に就任し、一九二九年からロンドン大学、ケンブリッジ大学へ留学している。本好きの男だから、本場の書店や古書店で、英語の本をたくさん買い込んだろうと思う。いずれも苦心の末に手許へ引き寄せた本ばかり。「書物が焼けることは最も惜しい未練の未練である」というのも、理由のあることなのだ。

同じ『昔の町にて』のなかに、ロンドンで古本屋通いをした楽しい体験が「ロンドンの古本屋」というタイトルで書かれている。ロンドンと言えば有名な古書街「チャリング・クロス」は「余り良い本屋があるわけでなく」とあっさり退け、横丁の裏町にある店や、あるいは大英博物館の近所の店、あるいはいっそロンドンから二時間も離れた「タンブリッジ・ウェルズ」という、平田禿木《ひらたとくぼく》ひいきの浴泉地まで足を延ばして、町外れの古本屋でかねて探していた『グレイ詩集』を見つけた歓《よろこ》びを書いている。こういう話はいつ読んでも楽しい。

そうして、海外で一冊一冊、値段を交渉しながら買い集めた本は、同じエディションの同じ版の本がのちに手に入るとしても、もうモノが違っている。思い出が一緒に染み付いてしまっているわけで、火事でそれを焼くということは、本にまつわる思い出も一緒に焼いてしまうということだ。これがキザに聞こえるとしたら、その人は本に対して強い愛着を持たないからで、古書を含む数千冊の本を所有すれば、だれでもこの気持ちはわかるはず。

福原はこうも書いている。

福原は一八九四（明治二十七）年生まれ。「若い頃」というのは明治の末年か、本箱が買えなくて、ミカン箱に本を詰め、それを積んでいたという。

それを見た友人が「こいつあ火事の時に持ち出すのに都合がいゝな」と言った。普通なら、なんて縁起の悪いことを言うかと怒りそうなものだが、福原は違った。「あ、彼も僕と同じ病気にかゝっているのだ」と親しみを覚えたというのだ。

中島河太郎の場合

空襲や火災で心ならずも本を焼いた話を続ける。

「昭和二十年三月と五月の空襲で、蔵書の全部を喪った」と書くのは中島河太郎《かわたろう》（「彷書月刊」一九八九年二月号）。中島はミステリ評論家で、江戸川乱歩の書誌研究などで知られる。また、柳田國男に師事し、『正宗白鳥全集』編集に携わるなど、手を染めた研究の幅は広く、当然ながら本や雑誌、資料類の量はすごかったと想像される。

中島は大正六（一九一七）年六月生まれだから、昭和二十年の空襲のとき二十七歳。東京府立七中（のちの都立墨田川高校）の教師をしていた。前年の十一月から警戒警報や空襲警報が頻繁になって、東京で大量の蔵書を持っていることの危うさが迫ってきた。本の流通も出版事情も悪いなか、苦労して集めた蔵書を前に、毎日、気が気じゃなかったろう。しかし、「書物の疎開」は考えていなかったという。

「書物はやはり手許に置いているからこそ楽しいもので、戦争がどうなるやら皆目見当がつかないのに、遠くに預ける気にはなれなかったからである」

また、よほど深い関係になければ、非常時に他人の大量の本を預かってくれるところなどない。しかし、この「書物の疎開」ということばは、蔵書家の戦中を回想した文章でしばしば見かける。人間と同じく、本も戦災から逃げたのだ。

中島の文章が掲載された「彷書月刊」では、「古本屋—戦後の出発」という特集を組んでいるが、国文学者の益田勝実が「被災水ヌレ本の恩恵」と題した文章で、「書物の疎開」について触れている。益田は大正十二（一九二三）年山口県下関市生まれ。戦中は、東京帝国大学の学生だったと思われる。幹部候補生として戦地に赴き、昭和二十一年四月に華南の虎門《こもん》を出港し、六十日余りをかけて浦賀へ復員してきた。

下関の実家へ戻ってみたら全焼。幹部候補生教育期に、外出時に購入し、姉の家に預けてあった竹内理三編『寧楽遺文』上巻ほか数冊だけが生き延びた。それを返してもらって、『寧楽遺文』などは「それから何回くりかえし読んだか」と言うが、気持ちはよくわかる。「食」はもちろん、「本」にも飢えた時代だった。

兄が薬屋を営む小倉市に身を寄せた益田だが、さっそく古本買いに勤《いそ》しむ。「戦災を受けた人びとが、疎開しておいた本を持ってきて売るのか、小倉の古本屋には、探せばよい本が意外と豊富にあった」と、庶民の間でも蔵書家による「書物の疎開」が行われていたことがこれでわかる。しかし、これは着の身着のままの生活をする人にとっては無縁の話である。

また、これは中島の文章で初めて知ったが、戦中の勤労動員で、生徒を引率して工場へ通う際、教師には工場から手当が出たという。教員の給料とあわせ「二倍くらい貰えたのである」。その余剰収入を、中島はすべて本につぎ込んだわけだ。

しかし、それも空襲であっけなく「灰燼に帰した」。「焼跡に出かけて蔵書が白い灰の山になっているのを見て、茫然と立ちつくした。柳田國男先生の玄文社版『炉辺叢書』が、きちんと灰のまま残って、活字の部分が白く浮き出て読めそうだった。このまま持っていけばと思ったが、さわっただけでさらさらと砕けた」と印象深い光景を書き留めている。

紙の部分だけ燃え、活字の部分だけそっくりそのまま燃え残るということが、本当にあり得るのか。なんとも不思議な話である。また、それを「このまま持っていけば」読めると考えた、その執念もすごい。

串田孫一の場合

空襲で本が焼けて「私は得をしたような妙な気分だった」と書く文章がある。詩人で哲学者・随筆家の串田孫一の「本とのつきあいについて」（『心と形について』みゆき書房）から。本が焼けて得するような状況がはたしてあるのか。

ことは戦争中に古本屋で売られていたエミール・ブレイエ『哲学の歴史』に始まる。革装の三冊（ということは原書だろう）を、本郷にある古本屋で見つけ、買おうとしたら、串田も顔見知りの主人は、T氏に取り置きを頼まれているという。いったんあきらめたが、その後、何度行ってもそのまま本は置いてある。T氏は串田の先輩でよく知っていたため、「一応私が買い、T氏がどうしてもというのならこの値段で向うにまわすことにした」。

ところが、そのT氏が何も知らずに串田の部屋を訪ねたところ、「それを見てあっと言った」。まさしく、彼が取り置きを頼み、古本屋にあるはずの本だったからだ。「わけを話したが、T氏はすぐに自分の家に戻って代金を持参、ブレイエの三冊を持ち帰った」。これで一件落着、とはいかないのだ。なぜなら、それから十日か半月で空襲があり、T氏の家も串田の家も焼けてしまった。

ここで冒頭の文章が出てくる。再度引くと「私は得をしたような妙な気分だった」。この蔵書家ならではの複雑な心境は説明不要か。もともとT氏が所有するはずだった本を、自分が買う。自分のものになるはずだったものが、T氏のもとへ戻る。串田は何も書いてはいないが、やはり悔しかったはずだ。三冊本のブレイエ『哲学史』とは、一九八五年から八六年にかけて、渡辺義雄訳により筑摩書房から邦訳刊行された三巻本『哲学の歴史』の原本か。戦時中、仏語による原本は当然ながら非常に貴重だったはず。T氏の手に渡ったが、それが焼けたと聞いたとき、自分の家にあっても焼けているから同じようなものだが、ちょっと「得をしたような妙な気分」になったわけだ。

ところが、話はこれで終わらない。空襲で家を失い、しばらく東京を離れていた串田が二年ぶりに東京の近くへ戻ってきた。落ちついてから、本郷にある『哲学史』を買った古本屋へ行ってみると、なんと、焼けたはずの『哲学史』が棚にあった。事情を知っている店の主人も「不思議に思って市で買って来たのだという」。串田は因縁の『哲学史』を前の値段の二十倍でまた買った。そこで串田の推理。

「いまだにT氏に確かめずにいるが、私のところから持っていってから空襲までの僅かのあいだに、お金につまって別の店に売ったか、ぬすまれて泥棒の家がやけのこったのか、方々をまわって再び同じ書店の棚に並べられ、そこへ私がやってきたと思うより仕方がない」

常識的に考えれば、T氏が金に困って売ったというのが一番考えやすい謎解きだ。ちなみに、その『哲学史』が、因縁の本だと特定できたのは、革装のおかげである。洋書の場合、出版された段階では仮綴《かりと》じの簡易製本で、購入者が好みにしたがって、それを業者に委託して革装するのが普通。中身は同じでも、外側は一冊一冊違うわけだ。

なお、串田も「書物の疎開」を考えていたことが、この文章でわかる。「戦争の時も、新潟の山奥に預かってもらうところを決めながら、自分の不手際からもう運べなくなって焼いてしまった」と書いている。先述の中島河太郎の一文にもあるが、「空襲が始まってからは、もう書物の疎開輸送など思いもよらなかった」のである。串田も、燃えた本の死骸に立ち会っているが「しばらくして本の灰をかきまわしたら、厚い辞書のなかほどは燃え切らずに残っていた」という。真っ白な灰の山になったり、活字の部分だけ燃え残ったり、こうして厚い辞書の場合は、真中が燃え残る場合もある。変な言い方だが、本の燃え方にもいろいろあるものだ。

堀田善衛の場合

ついでだから、火事と書物の疎開について、もう一つ例を引く。

タイトルも「本を焼く」と、本話テーマそのままの文章の書き手は堀田善衛《ほったよしえ》で、種々の「本を焼く」体験をしている（『本屋のみつくろい』筑摩書房　一九七七）。「本や原稿が焼けるということは、ある運命的なもの」がある、と堀田は考える。

戦時中、上海へ渡った武田泰淳《たいじゅん》の原稿（「才子佳人」など）を、堀田が某所に保管し、これは無事、空襲を免れた。ところが、自分の長編原稿をM（出版社の編集者か？）に預けておいたところ、これは燃えた。「もっとも燃えてよかったといった駄作であったろうが」と自嘲するが、コピーもバックアップもない時代、原稿が燃えたらそれまでで、当時は、とてもそんな悟り切った心境ではなかったろう。

また、永井荷風署名入り、河上徹太郎宛寄贈本『濹東綺譚』特製本という、いま現存していたら古書価は目の玉が飛び出るだろう逸品を、「疎開をさせ、これは燃えてしまった」という。堀田は、原稿や蔵書を「方々に分散疎開をした」と書いている。それで、運命も「分散」して、生き残ったものと燃え尽きたものに分かれた。

……といった具合に、堀田の場合は、空襲による被害も「分散」され、全廃を回避したのだが、伏兵が待っていた。堀田は、一九五六年十月、アジア・アフリカ作家会議に出席するためインドへ渡り、翌年一月半ばすぎ香港まで戻ってきた。その香港の宿に電話が入った。「逗子の拙宅が火事で燃え落ちた」というではないか。その帰国してわかったが「書物はすべて燃え尽きた」。おそらく、疎開させて空襲を逃れた本も、そのなかに混じっていた。

「戦時中に刊行されたものは、戦後にはなかなか手に入りにくく、それに出版社や紙型までが焼けてしまっていて、さらには先輩知人に寄贈されたものも、多くは焼けてしまっている場合が、私の身のまわりにもあまりに多かった」と堀田は書く。戦後、本はなおさら貴重なものになっていた。それが、すべて灰となった。

しかも、なかには自分の本以外のものがあったというのだ。

一九五〇年代半ば、ある小説を書くための資料として、フランス文学者である渡辺一夫の「翻訳を除く著書の全部、氏御自身が保存をされている、いわゆる保存版の御本の全部を一時お借りすることをおねがい」した。渡辺はしばらく躊躇《ちゅうちょ》した後、それを許諾した。「氏としても、何か生皮を剝がれるような思いもなさったものであったかもしれぬ」と忖度《そんたく》する、その全著書もまた、この火事で燃えたのだった。堀田は、文章のなかで、何度も渡辺に詫びているが、お詫びのしようもない、とはこのことである。

堀田は逗子の海をのぞむ丘の中腹に家を建てていた。入江をへだてて対岸に住んでいたのが石原慎太郎。石原はこの堀田家の火事を目撃していた。のちに石原は、堀田に「家の燃えるその火が、海に映えて実に美しく、あんな美しい火事は見たことがない」と語った。失礼とも無邪気とも思える発言だが、いかにも『太陽の季節』の作者らしい、と感じぬでもない。

堀田はこの文章の末尾をこう締めくくっている。

「渡辺先生、御免なさい」

ほかに言葉があるだろうか。

【教訓　その七】

蔵書はよく燃える。火災にはよくよく注意すべし。

第八話　蔵書のために家を建てました

本棚は〝壁食い虫〟

本を美しく整ったかたちで周囲に並べ、本の背中をいつも眺められ、それらにぐるりと囲まれて暮らしたい――。

数千冊の蔵書が部屋のあちこちを圧し、家族から白い目で見られている人にとって究極の夢は、「本に囲まれた城のような家」ではないか。

標準のスチール五段本棚に収容できるのが、ふつうの単行本でおよそ百五十から二百冊。五本並べても千冊弱しか収納できない。ひと棚に前後二列並べたとしてもせいぜい三千冊弱。物書きでも学者でもないのに、それほど本を持っているなら、もうリッパな蔵書家だ。それだけで尊敬されるだろう。いや、呆《あき》れられるだけかもしれない。家族がいればなおさらのこと。

しかし、マンションや普通の住宅に五本もの本棚を置く余裕はあまりないだろう。本棚は基本的に壁を背負うかたちで置かれる。本棚は「壁を食う」家具なのだ。しかも、家屋において壁は貴重だ。四面すべて壁という部屋は考えにくく、入口もあれば窓もある。さらに隣の部屋との間に戸があったり、押し入れがあれば、ほぼ壁一面がそれでつぶれる。家族共有ならまだしも、一人の趣味で、壁を占有するわけにはいかない。

蔵書は、壁との闘いとも言えるのだ。

ところがここに、蔵書家の夢ともいうべき〝城〟をつくった男がいる。その城とはまさしく、壁の所有権をすべて本棚に明け渡し、見渡すところ、本しか目に入らないという凄《すご》すぎる環境の家だ。

ヒギンズ教授の書斎みたい

蔵書家なら誰でも抱く夢を四十代で実現したのが根岸哲也さん。一九六六年東京生まれ。都内某大学の職員を務めている。独身にして料理の達人。本の世界からスポーツ芸能まで知らないことはない物知りでもある。おいおい説明するが、彼の家は完全二世帯住宅で、彼は一人で二階、三階を使っている。一階には彼の両親が住んでいるが、二階は別に玄関があり、一階を経由しなくても、階段を上って、彼の部屋に行くことができる。もちろんトイレ、風呂つき。厨房も広い。

ＡＶ装置も万全で、スクリーンを下ろせば、プロジェクターを使って大画面で映像を楽しむこともできる。根岸さんと私はひょんなことから知り合い、共通する友人も多い。年に何度か、十名ほどの仲間が集まって、彼の手料理を楽しみながら、私がかつて録《と》り溜めた古いビデオを鑑賞する会を開いている。名付けて「ネギシアター」。それで、彼の家のことはよく知っているのだ。

東京二十三区内の西側に、その「夢の城」はある。

玄関を入ってすぐ左手に、いきなり本棚が待ち構えていて、ここには映画の本や一部ビデオテープが並べてある。廊下を挟んで反対側が風呂場だが、その入口近くに「風呂で読むための本棚」があるのが彼らしい。背表紙を見ると、荒川洋治、角田光代、グレゴリ青山、内田樹《たつる》、レベッカ・ブラウン、嵐山光三郎と、ジャンルはさまざま。聞くと、とくに風呂用本の選択基準はないそうだ。

まだ玄関で靴を脱いだばかりで、本丸《ほんまる》は攻めていないのに、すでにこの布陣だ。奥へ進むと、さあこれからが圧巻。十二畳ほどの広いリビングには、テレビ、十人掛けの長テーブルと椅子以外に、家具と呼べるものは何もない。そのかわり、壁はすべて作りつけの本棚が覆い隠す。驚くべきは、三階まで吹き抜けになっていて、ぐるりキャットウォークをめぐらして、三階の壁もすべて本棚になっていることだ。

つまり、リビングの壁という壁がすべて本棚でできた吹き抜けの家、ということになる。

映画「マイ・フェア・レディ」で、田舎娘イライザ（オードリー・ヘプバーン）を矯正教育する言語学者のヒギンズ教授（レックス・ハリソン）。彼の書斎が、ちょうど二階吹き抜けで、四方を本棚に囲まれていた。らせん階段と、上段の本を取るための長梯子があったように思う。だから、根岸さんの「本の家」を説明するとき、「ほら、『マイ・フェア・レディ』で、ヒギンズ教授の書斎があったでしょう、あんな感じ」と言えば、映画好きならわかるはず。しかし、本当のところは、実際に見なくてはわからない。訪れた人は、この常識では考えられぬ本に特化した部屋を眺めて、そこで初めてみんな歓声を上げる。あとは、無遠慮にじろじろと眺めるしかない。それが許される部屋なのだ。名づけて「本の栖《すみか》」。以後、そう呼ぶ。

「本に殺されるぅ！」と母が……

そういえば、根岸さんがこの「本の栖」を建てる前のことを私はまったく知らない。時間を作ってもらって、少し、そのあたりのことを取材させてもらった。

根岸さんの実家は、祖父の代から続くお米屋さん。いまの家は二〇〇七年十二月に竣工したが、その前は店舗兼住宅で、築五十年は経《た》つ木造二階建てだった。根岸さんはここで生まれた。父親は損保関係の会社に勤めるサラリーマンだったが、祖父の頼みもあって家業を継ぐ。継いだはいいが、お米をスーパーや量販店で買う時代となって、経営は苦しくなっていた。根岸さんに父親の後を継ぐ気はなく、家を建て替える一年前に米屋は廃業してしまったという。

根岸さんは、この店舗兼住宅の二階に自分の部屋（六畳和室）を持っていた。ちなみに大学も都内だったから、ずっと実家から通い、下宿生活を経験したことがない。

この六畳間が要するに本だらけの部屋だった。

「入口をのぞいて、壁はすべてスチールの本棚で埋まってました。本棚の上は天井まで本を積みあげて、床も本が積んであるから、まさに足の踏み場のない状態で、ベッドへ行くまでのところだけ、道が空けてある。ケモノ道、ですね。それだけじゃない。自分の部屋以外の場所も、空きを見つけたら、本を置いていた」

そうなっちゃうんだよなあ、結局。私はちっとも驚かない。一番好奇心の強い青春期に、本の魅力に取り憑《つ》かれると、あとは一瀉千里《いっしやせんり》だ。水が高きから低きへ流れ

根岸さんの「本の栖」

るように、必然的に本は増えていく。

繰り返すが、根岸さんの実家は古い木造建築である。本のあまりの重さに耐えかね、家中がミシミシと音を立てる。

「家を建て替えるもっとも大きな理由になったんですが、下にいる母親が、天井がミシミシいうんで、怖いと言い出した。『本に殺されるぅ！』って（笑）」

それでも、外出すれば本を買ってくる。そのうち、母親の目を気にするようになり、外から帰ったら、いったん、裏口に本を置いて、表から「ただいま」と何食わぬ顔して家に入り、裏口で本を回収するようなトリックも使ったという。

米屋の廃業が決まった時は、家の老朽化も進んでいたので、建て替えるしかないという結論はすでに出ていた。本来は両親の役目だろうが、根岸さん曰《いわ》く「両親の経済力には期待できないので」と、大学生の身分でありながら、すでに近い将来、自分の手で家を建て替えようと思っていた、というのだ。すごい大学生。

SFミステリ少年だった

「母親が『本に殺されるぅ！』って言うぐらいですから、建て替える以上は、たくさんある本を、どうにかきれいに収納したいという気持ちはあった」と根岸さん。

そもそも、根岸さんが本好きになったのは小学校の高学年の頃。家から駅までの途中にある、大きな幹線道路沿いに、二軒並んで古本屋があった。片方は最初、新刊書店と兼業でのち古本だけを扱うようになった。駅と自宅の行き帰りに二つ並んだ古本屋があるとは心強い。ここへ根岸少年は通うようになる。

「最初はマンガ。三百二十円ぐらいのコミック本があったでしょう。あれを、安く買ってました。そのうち、筒井康隆とか、日本のSFが好きになって、過去にさかのぼってエンタテイメント系の本、とくに文庫を探すようになったんです」

中学校の三年ぐらいから、神保町へも通うようになったというから筋金入りの本好きと言っていいだろう。いまはなき東京泰文社で「ＳＦマガジン」のバックナンバーを探していた、というからなかなかのもの。ちなみに、日本ＳＦの巨匠・小松左京の作品もよく読んだ。「一冊、と言われれば、やはり『果しなき流れの果に』でしょうか」と根岸さんは懐かしそうに話す。

根岸さんが少年時代を送った八〇年代、角川文庫がさかんに日本のＳＦ、ミステリに力を入れ、次々と文庫化していた。老舗のハヤカワ、東京創元社も黎明期《れいめいき》からの日本ＳＦ、ミステリの基本をちゃんと押さえている。集め出すときりがないぐらい、充実したラインナップが各文庫に見られた。

根岸さん宅の本棚を見ていると、なるほどＳＦミステリ少年時代の残滓《ざんし》が、あちこちに散見できる。そのほか小林信彦、川本三郎、和田誠あたりのコレクションも充実しているし、藤枝静男、木山捷平、尾崎一雄、金井美恵子、庄野潤三といったシブ好みの作家もちゃんと並んでいる。文庫で言えば、岩波、ちくま、講談社文芸、中公、福武など、本好きの尺度を示すような文庫もかなりの数を集めている。「ほほう、さすがだな」と言うところ。大和書房から出た、山田太一のドラマシナリオ本のコンプリートも目を引く。そうそう、根岸さんとは、山田太一の話でも盛り上がるのだ。

根岸さんのシブ好みがわかるエピソードを一つ。

「ぼくが本好きってことは、表立っては明かしていないんですが、知る人は知っていて、こないだ、新人で本好きって若者の男性が、ぼくと話したいっていうんで、一緒にご飯を食べたんですが、どんな作家が好きなのと聞くと、『いや、これまで言って、知ってる人がいなかったんで、言っても無理かも』なんて言う。いいから、言ってみろよって促したら、『後藤明生《めいせい》なんです』って言う。なあんだ、後藤明生かって、いろいろ話したら、その新人、『後藤明生のことを知っている人に初めて会いました』って」

ちなみに、後藤明生とは一九九九年に亡くなった純文学作家。「内向の世代」と呼ばれるグループに属し、『挾み撃ち』『夢かたり』『吉野大夫』などが代表作。没後の再評価の機運高く、古書価のすこぶる高い作家でもある（その後、やや古書価は落ち着く）。

建築家探しとその決め手

根岸さんは建て替える数年前から、家作りのための行動を始めていた。いわば、本のために建てる特殊な家である。建築家選びには慎重になった。

「ネットや建築雑誌で、どの建築家に頼むか調べるようになりました。結局、お願いすることになった杉浦充さんを知ったのは、事務所のホームページを見たのがきっかけです。下高井戸で、杉浦さんが設計した家がオープンハウスとしてお披露目されるというので、それも見に行きました。そこはテレビディレクターの家で、本棚の使い方がよかったんです。それで杉浦さんに会ってみた」

それが二〇〇四年八月のこと。そこから二年以上かけて、根岸さんは杉浦さんと何度も会い、いろいろアイデアを出し合いながら、夢のような話を具体的にかたちにしていった。

「杉浦さんは、こっちがアイデアを出すと、すぐ『こんな感じですか』とラフスケッチして画にしてくれた。それがよかった。ぼんやりしたイメージが形になることで、自分のやりたかったことがはっきりする。建築に対する考え方にも共鳴して、最終的に決定してお願いすることになった」

設計した杉浦充さんにも話を聞いてみた。

「根岸さんがご覧になった下高井戸の家は、私が大手ゼネコンを辞め、独立して最初に請け負った仕事です。オープンハウスを見て、仕事を発注してくれたのも、根岸さんが初めてです。だから、うれしかったですね」

杉浦さんは多摩美術大学の建築科を卒業し、大手ゼネコンで三年間、施工と設計に携わった。「最初の二年はほとんど現場監督で、さまざまなトラブルにも対処しました」という。根岸さんが杉浦さんを信頼したのもそこで、大学を出ただけの建築家ではなく、現場を知っていること、近隣との折衝の際の勘所《かんどころ》もよく呑み込んでいることなどが、安心感につながった。

杉浦さんが、根岸さんの住んでいた元の家を最初に見たとき、かなり老朽化が進み、危ない状態だったという。

「玄関から根岸さんの部屋まで、階段を含め、いたるところに本がある、という印象でした。部屋へ入ると、まさに本だらけで、木造の二階でしたし、積載荷重をオーバーしていることは明らかでした。根岸さんの希望である『本をなんとかしたい』というのもよくわかった」

家を建て替えるスタートラインが「本」だったのだ。これは根岸さんの希望。ご両親も住む家だから、当然、お二人の意見もある。

「前の家は敷地いっぱいに建てられていたので、隣家との間も狭い。お母さんは、全く日が入らないことを気にしておられた。だから、中庭を作って、そこから太陽の光が入るようにした。本のため、ということ以外にも、『光の入る家』というのがコンセプトだったんです。新築の家に入って、『部屋が明るくなってびっくりした』とお母さんは言っておられました」

「積載荷重」という問題

できあがった「本の栖」は、ぐるり本に囲まれた吹き抜けの家として、さまざまな建築雑誌や、テレビ番組でも紹介されるようになった。加藤浩次がMCを務める朝のワイドショー「スッキリ!!」（日本テレビ系）で「知識をつめこんだ家」として放映されたときは、レポーターと一緒に根岸さんも登場。「（蔵書数は）たぶん一万五千冊。本が見えていないと嫌なので、自分の生活の中で、本に囲まれて、しかも本が見えているというのが憧れ」と答えていた。

杉浦さんも、根岸さんと家作りについて話した時、「本に囲まれて死んでもいい。住人よりも本」という印象を持った。しかし、設計上、本だらけの家を作るには、本のあまりない家とは違った要素が出てくる。つまり「積載荷重」（床に負荷がかかる重さの許容範囲）の問題だ。なにしろ、本は重い。想像以上に家へ負担をかける。この問題をクリアしないかぎり、「本に囲まれた家」は成り立たない。

フローリングの床は重さに弱い

本をいかに美しく、効率よく収納するか。住み心地より「本」優先の家の設計を依頼された建築家の杉浦充さんは、大手ゼネコン時代も、独立して個人で事務所を構えるようになっても、これだけ「まず本ありき」の発想で家を設計することはなかった。

「本は何といっても重い。ふつう、家を建てる場合、床の積載荷重をだいたい一平米当たり百八十キログラム以内、と見積もります。ところが、本棚にびっしり本を並べると、軽くその倍はかかる。細かい数字は避けますが、そのため、基礎の構造計算がまったく別のものになるんです。加えて、強風、地震、積雪なども、その数字に加味しなければならない。通常より『硬い』設計になる。その分、鉄骨の強度とかを上げなければならないので費用は余計にかかりますね」

本棚も特注の作りつけだったから、基礎の強度も含めて、本がない場合と比べて、数百万円も余計に費用がかかったようだ。

建て替える前の根岸家は木造で、根岸さんが本を溜め込んだ部屋は二階にあったから、杉浦さんが見るところ、それは「危険な状態」だったという。

「木造二階家の特に二階は、本を溜め込むのにはほとんど適さない、と考えたほうがいい。段ボールに本を詰め込んで、それを部屋に積むというのはもっと危険で、想像以上に荷重がかかっている。下が畳の場合は、畳がクッションになって、床がたわんでも多少荷重を吸収しますが、フローリングの床は意外に重さに弱い」

本が重いということは、漠然と知っていても、五百冊、千冊単位になったとき、それがどれぐらいの重さになるかを知っている人は少ない。大雑把に四六判の単行本一冊の重量を四百グラムとして、コクヨのスチールの本棚五段に収納できるのが約二百冊。それだけで八十キログラム。前後二列に並べるとその倍。本棚そのものの重量が別にかかる。

木造二階家時代の根岸さん宅は、鉛でできた殻を背負ったカタツムリみたいなものだった。

「こんな家を建ててはいけない」

さて、家を建て替えることを決めて、杉浦さんと話し合いを続けて二年、いよいよ古い家とおさらばする時が来た。建て替えの間、別に親と根岸さんが住む家を借りなければいけない。いや、あと大量の本も一緒に引越しだ。

「それが、うまい具合に、ウチから五軒ぐらい先へ行ったところに、廃業した米屋があったんです。そう、ウチと同業です（笑）。早くに廃業して、五年ぐらい貸し出し中で、借り手が見つからなかった。下が店舗になっていて、ウチと基本、同じ。近いから引越しも楽だし、結局、そこを借りることにしました」

引越し先の旧米店の店舗部分を、そのまま倉庫にして、蔵書を積みあげていった。業者に頼んだりせず、台車を使ってコツコツ運んだという。

「荻原魚雷さんの古本エッセイ『古本暮らし』（晶文社）を読んでいたら、魚雷さんがしょっちゅう引越しをしていて、本を詰めるのには、二リットルのコカ・コーラのペットボトル六本入りの箱が、ちょうどいいサイズだと書いているのを読んで、真似しました」

それまで分散していた蔵書を段ボールに押し込んで、仮の住まいとなる旧米店の店舗部分に次々と積んでいった。「外へ出して、一カ所に集めてみると、よくこれだけの量が、あの家に入っていたものだ、と感心しました」と根岸さんは感慨深げに言う。感慨深いのは当人だけで、家族から見たら、段ボールが積みあがった山に恐れをなしただろう。

そして十カ月後、二〇〇七年十二月、いよいよ「本の栖」が完成した。

根岸さんの新築住宅も、一般客が自由に訪れてみてもらえるオープンハウスが行われた。その時のこと。多くの人が、図書館みたいな部屋に感嘆の声を上げるなか、近所に住む一人のおじいさんだけ反応が違った。そこにいた建築家の杉浦さんに詰め寄って、こう言ったというのだ。

「あなたは間違っている。こんな家を建てると（施工主が）言ったら、あなたが諫《いさ》めて、もっとちゃんとした家を建てろ、と言うべきだ。それが建築家だろう」

これには、杉浦さんも、一緒にいた根岸さんもまいった。本好きにとっては、壁面が本で埋めつくされた家は夢の城でも、本に興味のない人にとっては大いなるムダに見えたのだろう。

本に合わせすぎたための失敗

竣工《しゅんこう》の前に、根岸さんが寸法を指定した本棚が搬入される日があった。杉浦さんの見るところ、家の竣工の日より、その日の方が根岸さんは興奮しているようだったという。

本棚の設計には、背の高い単行本、新書、文庫と高さを計って寸法を出した。決められた高さのなかで、なるべく多く、本を並べたかった。下六段を単行本、上三段を文庫本にするなど、収納の効率を考えた。

「それで一つ失敗したことがあるんです」と根岸さん。根岸さんはミステリの大ファンで、ミステリ文庫が大量にある。文庫は各社ほぼ同じサイズで、一段の本棚の高さもそれに合わせて作った。ところが、ハヤカワ文庫のサイズが、二〇〇九年から少し背が高くなった。微増（約5ミリ）ではあるが、根岸さん宅の文庫棚にはそのために収まらなくなってしまったのである。

「棚を可動式にすると、棚がたわんだり、地震のときなども心配で固定式にしたんです。だから、いまさらどうしようもない。新書のところは満杯だし、困ってしまいました」

そうは言っても、とにかく男の夢の実現である。毎日、本に囲まれた暮らしに不満があるはずもない。

新築なって四年（二〇一三年時点）、その間に知り合いや友人が「本の栖」を訪ねたが、反応は二つに分かれるそうである。本好きの同志は、入るなり歓声を上げ、羨望《せんぼう》を込めて「すごい！」と言う。本に興味のない人も「すごい」と一応言うが、その声にまったくうらやましいという気持ちは込められていないそうだ。

一万五千冊をたっぷり収納できるスペースを得て、これで打ち止めと行けばいいが、欲しい本は次々出るし、溜まる一方。

「去年、ちょっと考えて、古い本を大量に処分しました。基準は、もうこの先、読まないだろうと思う本。それと、いまの自分の趣味に合わない本も抜き出して、スリムアップした。キッチンには料理本専門の本棚があるんですが、それも満杯なので、厳選することにしました」

それでもなお、本は増えていく。二階に寝室があって、そこは見せてもらえなかったが、本棚はないそうだ。寝室にだけは本を置くまい、と決めていた。えらいぞ！　しかし、現状はそうも言っていられなくなった。今では不可侵だった寝室へも本棚を置くことを考え始めている。

なあんだ。

「どうせ置くなら、市販のものより、統一して同じ本棚を置きたいじゃないですか。そこで、杉浦さんに相談したら、こう言うんです。『そろそろ、言ってくる頃だと思っていました』って（笑）」

キッチンにも本棚が

■杉浦充さんの建築事務所「ＪＹＵ　ＡＲＣＨＩＴＥＣＴ」は東京都目黒区中根二—一九—一九にある。

【教訓　その八】

本は家に負担をかける。新築の際は、蔵書の重さを概算しておくこと。

第九話　トランクルームは役にたつか？

ふつうの本好きなサラリーマンだった

一箱古本市や各種トークイベントなどで、いつも顔を合わせながら、ちゃんと話を聞いたのは今回が初めて。エキサイトブログで、「モンガの西荻日記」を書いておられる富永正一さんの登場だ。

前から聞きたかったことは、ブログを見ると、最近こそ少しペースが落ちたものの、一時期、毎日のようにブックオフや古本屋へ寄っては、五冊、十冊と買い込んでいる様子がうかがえたが、それをどう収納されているのか、ということだった。立ち話で、「千葉にコンテナのトランクルームを借りているんですよ」と話されたことがあり、今回、そのへんを根掘り葉掘りうかがった。

富永さんは昭和二十五年生まれで熊本県の出身。高校卒業とともに、建築関係の会社に入社した。会社は全部で三つ変わったが、みな職種は同じだという。六十歳で定年退職するまでは、ごく普通の、まじめなサラリーマンだった。

「それまでも本は好きでしたが、読んでいたのは、ほとんどがストーリィのある……つまり小説ですね。松本清張、吉村昭、城山三郎なんかが好きでした。自宅にはスチールの本棚が二つあるっきりで、仕事の本（建築関係）も置いていましたから、量も質もまったく大したことのないものでした」

それがなぜ、トランクルームを借りる（しかも、聞くと二台目を借りたという）ほど、毎日のように古本屋へ通うハメになってしまったのか。原因は私（岡崎武志）にある、と聞いて驚いた。

「岡崎さんが『読書の腕前』を出されたとき、私が住んでいる西荻窪で、トークショーをされましたよね。あのとき、古本の話を聞いて、急に世界が開けたような気がしたんです。まったくそれまで知らない世界で。ブックオフ以外、普通の古本屋へはまったく行ったことがなかったですから。あれで、古本を買うようになったんですよ」

それは、まったく与《あずか》り知らないことで、一般市民を、古本まみれにしてしまって、申しわけないことである。私が、学習院生涯学習センターで「古本講座」を受け持ったときも参加され、すっかりその道にはまりこんでしまった。

富永さんは、毎年、千駄木《せんだぎ》を中心とした、いわゆる「谷根千《やねせん》」エリアで開催される「一箱古本市」の話を、私から聞いておもしろそうだと思い、「助っ人」と呼ばれる運営委員を買って出たのだという。

その後、売る側に回り、千駄木にとどまらず、雑司《ぞうし》が谷《や》の「みちくさ市」や、名古屋や小布施《おぶせ》など他県での一箱古本市などにも参加されるようになった。そのためにも本は必要だから、いわば読むための本というより、売るための本の購入が増えていく。つまり〝仕入れ〟だ。こうなると、購買力に拍車がかかり、とめどもなく本が増殖していくのだ。

「読む」から「買う」への転身

「ブログを始めた二〇〇五年頃、最初は買った本をみんな読んでいましたし、読書感想文みたいなものを、そこで書いていた。だから買うのも新刊に近い本が多かったですね。通勤定期券を持っていましたから、飯田橋、代々木、新宿、荻窪など、途中下車をしてはブックオフを回っていたんです」

コアな古本の世界を知る前、サラリーマン時代はじつによく本を読んでいたという。レコードは年間三百三十冊だそうだ。通勤の電車内で、往きと帰りで百ページ、残りを喫茶店に入って読み上げる。この頃は買った本は読むタイプ。

ところが、古本屋へ出入りするようになって、「一箱古本市」など売る側にも回ったことから、読まないのに買うことが多くなった。そんな人が、古本屋が充実した中央線沿線に住んだのは運のツキか。「買うのに忙しくなって、最近では年にせいぜい三十数冊ですよ、読むのは」と笑う。

買うにあたって、参考にしたのが、現在、京都市で古本屋「古書　善行堂」を経営する山本善行のブログ。彼は古本屋を始める前から、『古本泣き笑い日記』（青弓社　その後、増補して『定本　古本泣き笑い日記』として、みずのわ出版から発売中）、『関西赤貧古本道』（新潮新書）などの著書を持つ、名うての「古本者」だったが、古本買いの日々をブログで公表していた。

「あのブログが良かったのは、買った古本について、どこで、なにを、いくらで買ったかをちゃんと書いていたことです。それが勉強になりました。とにかく、古本といっても何を買っていいか、まったくわからない状態でしたから。山本さんのブログから、買った本のところだけ抜き出して、自分でまとめて一覧表にしたのをプリントアウトして、通勤の電車のなかでずっと読んでいました。それを覚えておいて、古本屋で見つけると、買う。これがうれしいんです」

富永さんの偉いところは、知らない人名が出てくると、その生年や業績、著作など調べて、それも表にして勉強した、ということだ。まるで受験生。「柳宗悦《やなぎむねよし》も知らなかったんですから」と謙遜するが、なかなかできることではない。

海辺の砂浜を掘れば出て来る「潮干狩り」みたいなもので、全く知らなかった古本世界へ、新しく仕入れた知識をぶつけて、どんどん本を買っていった。当然ながら、本は増えていく。とめどもなく増えていく。あゝ、増えていく。

たちまちトランクルームが満杯に

ただし、トランクルームを借りるようになったのは、本のせいではない。千葉に転勤になって、会社の寮での独り住まいが始まったから。五年前に、東京本社へ戻り、家から通うようになった時、千葉の寮で独り住まいしていた家具などの処分に困った。机やテーブル、テレビなど、買ったばかりのものもあったから、捨てるに忍びない。そこで、最寄りのトランクルームを借りることにした。

「四畳の広さで、月の賃料が八千円。これは、あとで知りましたが、非常に安いんです。都心でこの広さだと四、五万円取られます。ここに家具などを放り込んで、その空いたスペースに、買った本を置くようになったんです」

すごいのは、同じタイトルの本が何冊もあることで、村上春樹の『ねじまき鳥クロニクル』全三巻が、十セットはあるという。村上春樹の本自体、百冊を超える量を持っている。理由を聞いたが「よくわからない」と言う。困ったものだ。

妻、娘と三人暮らしのマンションでは、六畳の自分の部屋以外には本を置くなと家族から厳命されている。急に、異常な量の本を買い込むようになった富永さんを、ご家族はどう思っているか気になるところだ。「あきれてますね」と一言、答えが返ってきた。

そのうち溜まった本は、運送屋に頼んで、千葉のトランクルームへ送り込むようになった。目安としては、だいたい段ボール五十箱。それを半年ごとに送っているという。そのうち、最初に借りた部屋がいっぱいになり、空きを待ってもう一つ借りた。二階の方が少し賃料が安い。それで空きを待つことになった。

「四畳は意外に広くて、二人で来た運送屋の助手らしきおじさんが、中を見て、『へえ、これなら住めるなあ』と言いました（笑）。いや、窓もないし、住むのはちょっと、と思いましたが、天井も高いし、まあそれぐらいスペースがあるわけです」

それでも一つは満杯になってしまった。ある時期まで、送った本（というより買った本）をすべてパソコンで管理していたので、単行本が一万五千冊、文庫本が五千冊までは把握しているという。その後も増え続けているから、少なくとも、古本病にかかったこの五年ほどの間に、二万冊以上の本を買ったことになる。一日平均の購入冊数は十冊以上。一生かけて、二万冊の蔵書を持つ人でさえ、それほど多くはないだろう。

「蔵書の苦しみ」など無縁だった人が、それまで考えもしなかった「蔵書の苦しみ」を知るようになる。

年間二十万円が本の保管に消えていく……

富永さんの自室の写真を一部見せてもらったが、壁ぎわに、何本も塔のように本が積み重ねられている。いま、自分の部屋に本棚は一つで、あとはどんどん床に積んでいく方式。いまにも崩れそうだが、実際、二〇一一年三月の東日本大震災のときは、本の塔がみごとに崩壊したという。

写真には本しか写っていないが、あとはベッドと机とテレビがあるだけで、ほんとうに「本」しかない部屋だそうだ。二つ目のトランクルームには、まだ空きがあるというが、それでも時間の問題だろう。しかも、トランクルームには、本を詰め込んだ段ボールを床からびっしり積みあげているだけで、どこにどんな本が入っているかを把握していない。死蔵に近い状態なのだ。

都心に比べたら、賃料が安いといっても、運送代を含めたら、年に二十万円近いお金が、ただ本の保管のために消えていく。古本屋へ売るとしても、買った値段に届くかどうかも怪しい。いや、富永さんの買っている本のほとんどが、現代文学と呼ばれる分野で、一部の人気作家（古本における）を除けば、いま一番売れない分野の一つだ。有利な処分は難しいだろう。

「だから、古本屋をやろうと思っています。儲けようとは思っていない。家賃が出れば、というぐらいの感じで。本職の古本屋さんが聞いたら、怒られるかもしれませんが、これまで溜めてきた本をなんとか売っていきたい」

これは古本を熱心に買いあさり出してから、早くに考えたことで、じっさい、奥さんにもその決意を打ち明けたという。

「妻には最初、反対されました。商売の経験がない。古本の知識もそれほどない。

修業もしていない。借金を背負ってまですることじゃない。そう言われました。それはその通りです。でも、私が真剣にやろうと考えていることを、時間をかけて話しているうちに、借金さえしなければ、という条件で賛成してくれました」

じつは、物件探しはもう始めている。自分が住む中央線沿線がベストだが、家賃が高い。自宅から余り離れると、交通費がかかる。田端でいい物件を見つけたが、それは先を越されてしまった。我慢強く、条件のいい店舗を探そうと、いま奮闘中だ。

「会社を退職するとき、三十人ぐらいの同僚に、『ブックオフは別にして、古本屋へこれまで行ったことがあるか』と質問して回ったら、九割九分の人間が、行ったことがないと言うんです。私もそうだったから、偉そうなことは言えないけど、もったいないなあ、と思いました」

そのおもしろさを伝えるため、自分がこれまで溜めに溜めてきた蔵書の有効活用として、古本屋経営という新しい道を、富永さんは、歩き始めようとしている。

（後記）その後、二〇一二年九月十五日に、富永さんは「古書 西荻モンガ堂」という古書店を、青梅街道沿いのマンションの一階に本当にオープンさせた。純文学や詩書や絵本の充実した店となっている。

■東京都杉並区桃井四―五―三　営業時間：十二時〜二十一時　定休日：水

【教訓　その九】
トランクルームを借りたからといって安心するべからず。やがていっぱいになることを心得ておくべし。

第十話　理想は五百冊

四畳半ひと間が懐かしい

いったい、どれだけ本を持てば、快適な読書生活を送れるのか。その答えは、人や住環境によるだろう。学生のころ、下宿生活をしていたときは、それほど恵まれた住環境にない。せいぜい本棚は二本から三本。あとは床に積み上げる式。限界があった。買った本はたいていちゃんと読んでいたから、それで充分とも言えた。

そのうち、転居を重ねるごとに、部屋が増えていき、住環境のサイズに合わせて、蔵書も増えていったのである。いま考えると、下宿生活の出発点となった、四畳半のコンパクトな部屋が懐かしい。前述のごとく、すべて、手を伸ばせば何でも用が済むコクピットのような部屋で、そういうものだと最初から覚悟していれば、さして不満はなかったのである。

そう考えると、適正な蔵書数とは、どれぐらいのものだろうか、と考えてしまう。増え過ぎた本のために、別に部屋を、あるいは、前話の富永さんのように、トランクルームを借りる人もいる。もちろん、余計な家賃や借り賃がそこにかかる。本を部屋に持たない人にとっては、まったく理解不能な出費だと思う。

「愛妻物語」では本箱二つ

映画監督の新藤兼人が、若き日の自分をモデルに撮った「愛妻物語」（一九五一年）では、シナリオ作家を目ざす主人公（宇野重吉）は、のちに妻となる女性（乙羽信子）の家の二階に下宿している。六畳間ぐらいだろうか。部屋には机以外の家具は、本棚が二つ見えるのみ。文学青年で、シナリオを勉強中という設定だから、「男はつらいよ」の寅さんのことばを借りれば「さしずめ、インテリだな」という範疇《はんちゅう》に入ると思われる。身過ぎ世過ぎで、日々汗して働いて家族を養う同世代の男性とは、文化的条件が違うわけだが、蔵書は本箱二つっきり。ちょっと少ないように思うが、これで不足はなかったのかもしれない。

のち、下宿の娘と駆け落ち同然で京都へ移り住んだ主人公は、師とも言える巨匠の映画監督（溝口健二がモデル）に、書いたシナリオを根本から批判され、一から勉強をしなおすのだ。「愛妻物語」の青年の蔵書は、映像からの推測にすぎないが、最初の下宿ではざっと五百冊。京都へ移ってからは、世界戯曲全集といったシリーズひと揃いが増えて、それでも千冊には届かないだろう。

資料や事典の類《たぐい》は常時必要となるが、ほかの本は、そうひんぱんに読み返すわけではない。愛読書と言えるものを除けば、読後すぐ処分してしまうとしたら、むやみに蔵書を増やす必要はないとも言える。「愛妻物語」は昭和初期から戦中にかけてを時代背景としているが、この頃、木製の本箱が主流。コクヨのスチール本棚なら、五段式で約二百冊は入るが、木製の本箱はそんなに入らない。本箱の上の空間に積みあげて、ようやく一本で二百冊ぐらいか。それに机の上や周囲にも置くことを考えて、五百冊という数字を割り出した。当たらずとも遠からずといったところだと思う。

今とは出版事情も違うし、本の値段も今より高かった。貧しい青年が蔵書家になることは困難だった。五百冊あれば、まずはたいしたものだと言える。

一八九二年生まれの生田春月《いくたしゅんげつ》は、大正六（一九一七）年に処女詩集『霊魂の秋』でデビューし、流行詩人となり、のちアナキズムに傾斜して『虚無思想の研究』を著す。大正期を代表する文学者の一人だが、昭和五（一九三〇）年に瀬戸内の海に投身して生涯を終えた。

「日本古書通信」掲載の小出昌洋「随讀随記」に、生田春月の蔵書が、死後に満州国立図書館へ寄贈されたと書かれている。その数、七百五十冊。やっぱり、そんなに多くはないのである。

「正しい読書家」とは？

「書棚には、五百冊ばかりの本があれば、それで十分というのが、吉田さんの口癖だった」と書くのは篠田一士《はじめ》（『読書の楽しみ』構想社）。ここに出てくる「吉田さん」とは、吉田健一のこと。吉田健一が何者か、を改めて紹介するのは野暮な気もするが、いちおう。吉田茂の長男として生まれ、戦後に『英国の文学』を皮切りに英文学者として出発、評論、小説、随筆の分野で一家を成し、集英社の著作集をはじめ、全集、著作集の類が数種ある。篠田一士、丸谷才一など、同時代の物書きに信奉者を多く持つ。いまだに人気の衰えない作家である。

シェイクスピアもボードレールも諳《そら》んじて、原典にあたらず引用できたと言われる教養人だった吉田にして、本棚に五百冊というのはにわかに信じがたい気もするが、蔵書が少なかったことについては、ほかに証言もある。

英文学者の西村孝次は、吉田健一と雑誌「批評」を作った仲。『休み時間の英文学』（青土社）に、昭和十四（一九三九）年の吉田健一との交遊について触れている。

「当時、吉田健一は諏訪町に住んでいて、ぼくらはよくかれの家に集まっては放談した」。諏訪町《すわちよう》はかつて東京都新宿区にあった町名（現在の高田馬場一丁目あたり）。そこは、一種の梁山泊《りようざんぱく》だったという。当然ながら、酒となる。

「さて、その亭主の蔵書だが、それはかれの酒量と反比例を示していた。少なくとも当時はそうだった。ただ、そのなかに、ストレイチーのものだけは全部揃っていた。それがぼくにはひどく羨ましかった」

そう述懐している。ストレイチーとは、ブルームズベリー・グループの一員で、イギリスの批評家、伝記作家。ここで触れられているのは、おそらく原書。

ともあれ、吉田健一は一貫して、蔵書を多く持たなかったようだ。ただ、その五百冊は、本当に必要な、血肉化した五百冊だった。その五百冊について、篠田一士の文章を改めて引く。

「本は五百冊あればというのは、ズボラか、不勉強かとは逆に、よほどの禁欲、断念のはてに実現するもので、これを実行するには、並大抵の精神のエネルギーではかなうことではない。一日に三冊もの本を読む人間を、世間では読書家というらしいが、本当のところをいえば、三度、四度と読みかえすことができる本を、一冊でも多くもっているひとこそ、言葉の正しい意味での読書家である」

吉田健一こそ「そういうひとだった」というのだ。

篠田はまた、こうも書く。

「自分の書棚には、時に応じて、自在にページをひるがえすことができる本が、五、六百冊もあれば十分、その内訳が少しずつ変ってゆくというのが、いわゆる完全な読書人なのである」
五、六百冊といえば、スチールの五段本棚にすると、三本分ほどの冊数か。しかも前後二列にせず、すべて背が見え、いつも全貌が見渡せるのがこの数字。たしかに、リファレンスの便を考えれば理想の冊数で、いつでも欲しい本が見つけ出せる。あれはどこへ行ったたっけ、たしか持っていたはずだが、探すとなると一日仕事だよ、それなら、いっそ新しく買いなおしたほうが早い……なんて、コントみたいな話（私のことです）はない。

一から蔵書を作ることを夢見る

スチールの本棚を三本。そこに、いまや入手困難な本や、自分にとってオールタイム・ベスト100という愛読書、資料としてひんぱんにページを開く本など、選《よ》りすぐりの本だけを置き、それ以上は増やさない。ある意味、それは理想の蔵書と言える。もの書きなんて、辛気くさい仕事を辞められたら、もしそのあとも、経済的に悠々と暮らせたら、夢見るのはそういう蔵書だ。

しかし、私の場合、なかなかそんなふうにうまくはいかない。書評、古本エッセイ、それに本にまつわるさまざまな原稿を書いている職業的な立場から、どうしても本が必要となる。それも「本」に関する本は不可欠だ。各種出版史、編集者の回顧、古本に関するエッセイ集や古書店主の書いた本、書評集、読書論の類は、どれを残して、どれを処分するという判断が難しく、ずるずると増えていく。おそらく、これら「本」に関する「本」だけで二千冊以上は軽く所持している。もうそれだけで、理想の「五百冊」を超えてしまっている。

「どれぐらい、本をお持ちなんですか？」という無理難題な質問に、いつも、ざっと二万冊と答えてはいるが、あまり根拠はなく、大きめの一軒の古本屋にはそれぐらいあるだろうと思っているからだ。その二万冊を、事情があって五百冊に減らす日が来たとしたら、これはもう選別することは不可能だ。半分にあっさりと減らすことは、たぶん大丈夫だと思う。しかし、その先、半分の半分、そのまた半分の半分と数千冊単位になると、愛着の濃縮度が大きくなってくるわけで、心は千々に乱れて、収拾がつかなくなるはずだ。

二万冊を五百冊に減らすとしたら、それはもう、いったん全てを処分してゼロに戻し、それから欲しい本を五百冊、改めて蒐集していくしかないと思う。はっきり言って、常時、本を商売道具とする私の執筆活動における現状では、五百冊というのは苦難の数字だ。

ただ、何かの間違いでベストセラーを当てて、数億円の印税が入ったら、信州に別荘でも買って、そのときは五百冊蔵書を実現させられるかもしれない。自分がいま持つ本は、そこへ運ばず、重複を承知で一から蔵書を作るのだ。それも五百冊と限定して。それなら可能である気がする。

重荷となった蔵書をいったん忘れて、また新たに、本を買えるとしたら、こんなぜいたくな話はない。億の印税も、別荘も持たないうちから、考えるだにわくわくしてきた。しかし振り向くと、本棚からはみ出た本が山を成し、床が埋めつくされ、通路はふさがれているという、うんざりするような状況なのだ。

一冊も蔵書がなかった稲垣足穂

いや、五百冊ならまだ多い。本はそんなにいらないよ、という身軽な作家もいる。吉行淳之介もかぎりなく蔵書を多く持たないように心掛けた作家の一人。これも、篠田一士『読書の楽しみ』で披瀝《ひれき》されているエピソードだが、吉行の家を訪ねた音楽評論家の吉田秀和が驚いたという。

「いつ行っても感心するのは、部屋に本が一冊もないこと」。二部屋に大判のデッサン集が部屋の隅に無造作に立てかけてあった光景が印象的だった。これは、吉行が自分の蔵書を人に見られることをひどく嫌ったため、どこかに隠してあったとも考えられる。

谷沢永一『紙つぶて』(文春文庫)によれば、高群逸枝《たかむれいつえ》はもっとすごい。なにしろ「世田谷で五坪の書斎、机の上に『古事記伝』一冊をのせ三十七才から死まで三十四年間、日本女性史研究」をやり続けたというのだ。もっとも、机の上には一冊かもしれないが、背後に書棚があって、そこに本がずらりと並んでいた可能性がある。本当に本を持っていなかったのが稲垣足穂《たるほ》で、これは自分でもそう書いているし、訪ねていった人も驚いている。「dankai パンチ」（二〇〇八年五月十七日号）の〝理想の書斎〟特集のアンケートに、森永博志は以下のように答えている。

「一冊も本を持っていなかったという稲垣足穂の和室が理想かな。足穂はライト兄弟の野営テント空間が、一番と言っている」

この足穂の無一物に憧れたのが殿山泰司。

「なにしろイキがって稲垣足穂先生のマネをして、オレは身辺に一冊の書籍もおかず書いているもんじゃやけえ、こんな場合調べようがなくて困っちゃうのよ」（『殿山泰司のミステリ&ジャズ日記』講談社）

『ミステリ&ジャズ日記』を読めばわかるが、殿山は大変なミステリ愛好者で、ほぼ毎日のように内外のミステリを読んでいる。「身辺に一冊の書籍もおかず」と書いているなかに、ミステリは含まれていないのかもしれない。それでも、蔵書家と名乗るほどではなかったに違いない。また、そこが殿山のいいところ。

読書好きの独身中年女性を描いた映画

さきほど、映画「愛妻物語」に出てくる本棚の話をした。本棚の出てくる映画はいろいろあって、一冊の本が書けてしまう。一冊どころか、飯島朋子は『映画の中の本屋と図書館』（日本図書刊行会）というタイトルで、前後篇と二冊も本を書いている。

本好きならわかると思うが、映像のなかに、少しでも本や本棚が映ると、すぐにそこへ目が行ってしまう。本なら、それが何の本か、本棚ならどんな本が並んでいるか知りたくなるのだ。せっかく美女が魅惑的な表情を浮かべていても、本が映っていれば見るのは本の方だ。因果な趣味だとつくづく思う。最近なら二〇一三年に放映された、フジテレビの月9「ビブリア古書堂の事件手帖」（主演・剛力彩芽《ごうりきあやめ》）は、古書店を舞台にした三上延原作の小説のドラマ化で、本棚がひんぱんに映しだされた。それだけで毎回、見るのが楽しみだった。

映画の内容とは別に、映像として本棚が映っている光景がいいなあ、と感心したのが「いつか読書する日」（二〇〇五年）。監督の緒方明は「独立少年合唱団」で、ベルリン国際映画祭アルフレッド・バウアー賞を受賞した実力派。

結末のつけ方にやや違和感があり、絶賛とはいかないが、坂の多い長崎の町の風景や、そこで暮らす人々の息づかい、たたずまいの捉え方は、私好みであり、もう一度観たい映画の一つだ。なによりヒロインの大場美奈子（田中裕子）が、大の読書家という設定がいい。

彼女はこの町で生まれ暮らし、かつて、三十年以上前に高梨槐多（岸部一徳）と幼い恋を実らせつつあったが、事情があって別れた。いまは、美奈子は独身のまま日々を生き、槐多は病身の妻（仁科亜季子）と同じ町に暮らしている。

美奈子は、朝は牛乳配達、昼間から夕方は坂下の小さなスーパーでレジ打ちをして生計を立てている。住まいは古い一軒家で、親と一緒に住んでいた時代からの持ち家らしい。美奈子を演じた田中裕子は、この映画の撮影時に五十歳が目前、という年になっていた。化粧っ気もオトコ関係もなく、忍んで生きてきた長い疲れを体全体からにおわせて、田中裕子はまったく見事に美奈子を演じてみせた。映像化しにくい、坂の表情をうまく映画に生かしているのも、この映画の手柄。緒方監督は、九歳から十五歳までを、坂の町・長崎で過ごしている。

さて、本棚の話。具体的に、美奈子の住居の間取りを説明するシーンはないが、家具はなく、ただ本棚だけが壁に据えられた四畳半の部屋があり、ここが美奈子が美奈子でいられる本拠地だ。ここで、就寝するまで、ひとり静かに読書して時間を送るのが美奈子の日課なのだ。女優・田中裕子は、実際に本好きではなかろうか。本を読む姿がじつに自然で、イタについている気がした。

美奈子の蔵書は五千冊?

さいわいなことに、この映画には、シナリオを中心に映画の撮影秘話なども加えた『いつか読書する日』というタイトルの本が愛育社から出ている。これをもとに、美奈子の本棚を覗《のぞ》いてみることにする。

「シナリオ」編の「シーン062」に、美奈子が読書する描写がある。

「暗い部屋である。ボソボソと美奈子の声が聞こえている。

その声は、寝室のほうから聞こえて来る。

美奈子の寝室、壁には本がぎっしり詰まった古い書棚。

本は、古い愛蔵版文学全集や小説本が並んでいる」

本棚で壁を埋めつくす四畳半の隣に寝室があり、そこもまた、壁には「書棚がある」。まさに「本の家」である。

本書のなかに、「大場美奈子さんの本棚より」という章があり、構成者の青木研次が美奈子の読書環境について解説している。

「大場美奈子さんの本棚は、彼女の寝室の隣の4畳半ほどの部屋にあります。奥の壁と、両側の壁が天井の高さまで本で埋まっていて、窓のない部屋なので、本でできた穴蔵のような感じがしますから、はじめて見る人はびっくりするかもしれません。

本棚の本は全部が大場さんが買った本ではなくて、お父様のやお母様のも混じっているようです。

左側の壁にある本棚と奥の壁の本棚の間には、50センチ位の隙間があり、そこに木の椅子が一脚はめ込まれたように置かれています。

大場さんはそこに座っている時が一番落ちつくんだそうです」

同じページに、その部屋で座り込む美奈子のショットがスチール写真で掲載されている。

青木解説とその写真から想像するに、四方の壁のうち、本棚のないのは、美奈子が背をもたせかける一辺だけで、あとの三辺はすべて本棚が並ぶようだ（カタカナの「コ」の字型）。

本棚に統一はなく、本が増えるにしたがって、継ぎ足し継ぎ足しで揃えていったと想像できる。

タテ一列のヨコ一段に約十五冊。本棚と天井のあいだにも本が積まれて、段に換算すれば九段。それが奥の壁に五列。文庫などもあるようだから、「コ」の字の短い一辺に、約千二百冊が埋まる。それが二辺。長い一辺には、その一・二倍と概算して、要するに、美奈子の「本棚の部屋」には、四千冊近くの蔵書があると考えて、大きな狂いはないと私は見た。寝室の本棚にどの程度の本があるかはわからないが、これをプラスして、ざっと五千冊か。

大学の教師や研究者、それに職業的もの書きが、ようやく手の届く蔵書数で、よほどの本好きでないと、これほど家に本を持っている人は少ないだろう。これを引っ越させると考えたら気が遠くなる。美奈子の場合、文庫より単行本の量が圧倒している感じだが、すべて単行本だと割り切って、これも概算に過ぎないが、約百数十個の段ボール箱が必要となる。

青木解説は「古い文学全集（昭和30年代あたりか）の日焼けした箱がいい味を出しています。／う〜ん、いったい何冊ぐらいあるんだろう」と、冊数をぼやかすことで、かえって蔵書の多さを強調している。

「黄色い本」バージョンの『チボー家の人々』

「大場美奈子さんの本棚より」が洒落《しゃれ》ているのは、「大場さんに好きな本や思い出の本を選んでもらいました」として、十冊の本が選ばれているところだ。すべて書影入りで、しかも美奈子が文章を書いた、というスタイルの解説文が付いている。

選ばれた本を挙げておく。

マルタン・デュ・ガール　山内義雄訳『チボー家の人々』（白水社）
フィリップ・ロス　佐伯彰一訳『さようならコロンバス』（集英社）
チェーザレ・パヴェーゼ　河島英昭訳『美しい夏』（晶文社）
アン・モロウ・リンドバーグ　吉田健一訳『海からの贈物』（新潮文庫）
吉山寛　石川美枝子・画『原寸イラストによる落葉図鑑』（文一総合出版）

カーター・ブラウン　田中小実昌訳『おんな』（早川ポケットミステリー）
リチャード・ブローティガン　藤本和子訳『アメリカの鱒釣り』（晶文社）
小島信平　暮しの手帖編集部　松本政利・写真『おそざい十二ヵ月』（暮しの手帖社）
エーリヒ・ケストナー　高橋健二訳『飛ぶ教室』（岩波書店）
織田作之助『夫婦善哉』（新潮文庫）

美奈子の年齢は五十歳で、二〇〇五年公開をリアルタイムとすると一九五五年生まれ。

これは美奈子を演じた田中裕子と同じ。五七年生まれの私ともほぼ同世代。だから、このラインナップはよくわかるのだ。外国文学が多いこと、十冊のうち、二冊が晶文社の本であることに、美奈子が生きた時代を感じる。じつに趣味のいいセレクションだ。

しかも、それぞれ新装版が出ていても、美奈子（あるいは親）が入手した時代にあわせて、書影には古い版を採用している。『チボー家の人々』は、今なら白水社から軽装の新書サイズのバージョンが刊行されているが、戦後世代は、この簡素な函入りで本体が黄色い表紙の『チボー家の人々』に愛着がある。

高野文子の傑作マンガ『黄色い本』（講談社）は、やはりこの「黄色い本」バージョンの『チボー家の人々』を、高三の主人公・田家実地子《たいみちこ》が学校の図書館から借り出して、読み続ける話。舞台は高野文子の出身地である新潟県の小さな町を想定しているようだが、実地子は高校卒業後、メリヤス工場へ勤めることが決まっている。時代設定を高度成長期としたら、実地子もまた、美奈子と同じ時代を生きた本好きの娘ではなかったか。

二人がもし出会ったら、本の話が延々と続きそうだ。そんな気がする。

【教訓　その十】

三度、四度と読み返せる本を一冊でも多く持っている人が真の読書家。

第十一話　男は集める生き物

ゴールがあるからこそ人は集める

小学一年生から四年間続いた「怪獣スクラップ」に始まり、仏像、エロ、とんまつり、ボブ・ディラン、カスハガなど、「マイブーム」と名づけたコレクションを続けている。そんなみうらじゅんが膨大なコレクションを持つ人物から聞かされたのは「コレクターっていうものは、〝オール・オア・ナッシング〟ですから」という言葉だった。その心は、「九九は○に等しく、一〇〇集めるために全ての人生を費やしてしまう（後略）」。

これはコレクター心理の的を射た名言だろう。

書籍が送られてくる封筒や、クッキーの缶のなかに使われる、あれは何と呼ぶのか、ビニールにイボイボの空気を封じ込めた梱包材《こんぽうざい》があるが、あのイボイボを指で潰《つぶ》し始めるときりがない。プチプチと指でへこませていくと、最後のひとつまで徹底して潰してしまう。そんな経験を持つ人もいると思うが、あれが「コレクター心理」なのである。

もし、あの「プチプチ」梱包材（と、とりあえず呼んでおく）が、四畳半分もの大きさがあれば、誰もすべてを潰そうとは思わないだろう。せいぜいＢ４ぐらいの大きさで、時間も指の負担もさほどではない。ゴールが見えている。だからこそ、人は挑戦する。

無制限のコレクションは、普通、ありえない。たとえば、本の場合、これまで世に出た本をすべて集めようという人はいないのである。ジャンルや、個人の作家、あるいは短期間に活動した出版社、シリーズものといった、限定されたくくりがあって、その範囲内で人はゴールを目ざす。

岩波文庫の全点蒐集を試みている人は大勢いると思うが、これなど、本のコレクションのなかではわかりやすい、力の入れ甲斐のあるケースだろう。絶版品切れも多いから、けっこう時間がかかる。総刊点数は延べ六千点ぐらいか。不可能という数字ではない。また、いちおう全点蒐集が終わっても、品切れの復刻版や、カバーの有無のバージョン違いなど、新たな蒐集対象が枝葉を広げて、楽しみは尽きない。また信頼するべきテキストの質の高さも保証されている。ある意味で、わかりやすいコレクションだと言える。

「エロ」や「とんまつり」、「カスハガ」といったコレクションは、みうらじゅんだからこそ大っぴらにできることで、一般の人はなかなか知人には告げにくい。酔った勢いでも、気のある女性に「少年時代から、ヌード写真を切り抜いて、スクラップしたのを捨てずに持っている」と言える勇気を持つ人はそうはいない。

だが、人には言えないからこそ、蒐集に血道を上げる心理が働く場合もあるから、コレクターは複雑かつ怪奇だ。

良識ある読書家の領域をはみ出す時

名うてのコレクターといえど、最初はみんな、普通の読者であり、普通の本好きだったのだ。私はよく、自分は古本のコレクターでもマニアでもない、と人に言う。じっさい、蔵書のどれを取っても、完全に揃っているテーマのものはない。そういう意味で、死後に処分しても二束三文だと承知している。

小林信彦の著作は、いまや入手困難な晶文社時代の『東京のロビンソン・クルーソー』をはじめ、各種バラエティブックや、そのほかの単行本や文庫など、わりあい揃っている方だが、それでも八割ぐらいか。森英俊・野村宏平編著『少年少女昭和ミステリ美術館』（平凡社）は、おもに戦後に出た児童向けのミステリ本のコレクションを、カラー書影をふんだんに使って紹介した本。鬼気迫るといっていい蒐集ぶりに頭が下がるが、たとえばここに掲載されている、昭和四十五年に出た「サンヤング・シリーズ」（朝日ソノラマ）の小林信彦『オヨヨ島の冒険』を、私は知らなかったし持っていない。こうなると、小林信彦コレクションの「八割」という数字にも自信がなくなってくる。とうてい、コレクターなどとは言えないのだ。

ただ、推定二万冊という、溜め過ぎた蔵書の山を見るとき、コレクター気質がないとは言えない。健全なる（と言えば語弊があるが）読書家なら、何もここまで本を集める必要はないからだ。

私が良識ある（と言えば、なお語弊があるが）読書家の領域をはみ出してしまうのはこんな時だ。

拙著『古本道入門』（中公文庫）にも書いたのだが、ある時、カバーを剝けば同じ文庫を一挙に三冊買った。新潮文庫版『江戸川乱歩傑作選』で、時間差があって出されたこの三冊は、すべてカバーが違う。本文と解説は同じ。改版はあっても改訂はない。映画化にあわせたバージョンなど、カバーが掛け替えられたのだ。これはおもしろい、と三冊とも買った。ちょっと得意だった。

しかし、読むだけなら、もちろん一冊だけで充分。もっと言えば、過去に何度か、

『江戸川乱歩傑作選』は買っているから、そのうちの一種類は、部屋を一日かけて探せば見つかるはずなのだ。それでも、とりあえず三冊揃えて買うことが、すでに書くネタになると思って、わずらわしい考えはふり捨てて、ことに及んだのだった。

ここから、コレクションの険しくも楽しい道が始まるのだ。蔵書家とコレクターを分ける分岐点と言ってもいい。ただ、私の場合は、一つのことに徹底して、しつこく追い続ける根気が絶対的に欠けている。熱しやすく冷めやすい。真のコレクターはゴールにたどりつくまで「冷め」たりしない。

そんな私でも、古本買いは「冷め」ないし、この先も古本は買い続けるだろう。家に本棚がせいぜい一つ。文庫では、中身が同じでもカバーが違う場合がある、なんてことは知らないし、興味もない。それが普通の人である。それでも立派に、幸せに生きていける。

ところが我々は違う。常人には理解できないだろうと思えることを、古本の沼に腰まで浸かった者は易々としてしまう。とくにコレクターと呼ばれる人種は、沼に首まで浸かって溺れかかっても、けっして自分からは沼の外へはいあがろうとはしないのである。これが「蔵書の苦しみ」の根源でもある。

男はなぜモノを集めたがるか？

雑誌「太陽」の一九九八年八月号が「特集　コレクター　家宝者大集合‼」で、本話を書くのに、ずいぶん恩恵を受けている。「永遠のマイブーム」には、十五人のコレクターが登場。コレクションの対象として登場するのは、「ネオンクロック」「椅子」「鳥の羽根」「ビリケン」「美術品・民具」などなど、果ては「染付便器」という和式の陶器による便器の蒐集家までいて、感心を通り越してあきれるばかり。

ここで問題にしたいのは、十五名中、女性は「万華鏡」「ペッツ」の二名だけで、あとは男性、ということだ。これで、コレクター全体に占める女性のパーセンテージが十五分の二、とは言えない。編集部側からすれば、すべて男性というのはバランスが悪く、女性を何人か混ぜたいと考えるわけで、たぶん苦労して探し出して押し込んだと思われる。

根拠のない想像の数字だが、コレクターの男女比は、百対一ぐらいになるはずだ。圧倒的に「男性」優位（劣位？）の世界なのだ。それでも、二十年前、三十年前に比べれば、古本の世界と同じく、これでも女性の姿が目立ってきたと言えるほどだ。

骨が太い、髭《ひげ》が生える、自転車を手離し運転したがる、精液を製造するなどと同じく、モノを集めたがることは、男性を女性と区別する、顕著な特徴の一つと言っていいだろう。

ずいぶん昔の話だが、雑誌の取材で、ある心理学者に「男はなぜモノを集めたがるか？」というテーマで話を聞いたことがある。某氏によれば、「コレクター心理」とは次のようなことだったと思う。

一、狩猟時代のＤＮＡ

石器時代、われわれ祖先は穴蔵に住み、食糧は自己調達していた。家族のなかでは、それはオスの役割で、妻や子、あるいは年老いた父母のため、狩りに出たり、海辺で魚介をとってくる。しかし、冬になれば、食糧調達は困難になる。そこで、冬が近づくと、オスはせっせと、来《きた》るべき困難期に備えて、なるべくたくさん食糧をかきあつめてきて、それを貯《た》めようとする。

いま必要な量以上のものを、つねに捕獲して、できるかぎり貯めようとする――このオスの役割が、血のなかに濃く流れ込んで、いまだに男はモノを集めて貯めようとする、というのが一つの説。

二、王国を支配したがる

ギリシア時代に代表される王たちは、他民族を駆逐《くちく》、侵略し、領土の拡大に努めた。専制君主として、国と民を治め、その頂点に立つため、絶対的権力を行使したのである。寝首をかかない側近を周囲に配置し、美女と財宝を貯《たくわ》え、その欲望はとどまるところがない。ときに、その欲望の大きさに耐えかねて、失脚していく。

男はすべて、生まれながらの「王」なのである。これが、モノを集めたがる心理の根拠である。

兄弟同居の子ども部屋でも、机一つを与えられれば、その周囲に玩具や本、脱ぎ散らかした衣服などを配置し、引き出しのなかには、さまざまなガラクタを溜め込む。子どもの引き出しを見せてください、という企画を雑誌ライター時代に提案して却下されたことがあるが、今でもおもしろいと思っている。引き出し一つ分をすべて取り出し写真に撮る。そこに、十歳なら十歳のオトコなりの、世界観ができあがっているはずなのだ。

たとえ、消しゴムのちぎれた切れっぱし、道で拾ったビール瓶の王冠、壊れた玩具の一部分などゴミに近いものであっても、それを大事に思い、捨てずに取っておくというところに、すでに「オトコ」が芽生えている。

他人には理解できなくても、自分の気に入ったものを集める。それが引き出し一つであっても、彼にとってはその空間は領土で、集まったモノは財宝だ。その「支配欲」によって、オスとしての自分を成り立たせているとも言える。

心理学者から受けた解説は、もう少し学術的だったような気もするが、要点はまちがっていないはずだ。目からウロコが落ちる、というほどの画期的な説ではなかったが、とりあえず、男がモノを集める根底にあるものは、この解説で納得がいった。

男は男としてこの世に生まれついてから、みんな原罪のように、モノを集める習慣を背負っているのだ。これこそ「蔵書の苦しみ」を生み出す源泉でもある。

真のコレクターシップ

長山靖生『おたくの本懐　「集める」ことの叡智と冒険』（ちくま文庫）は、「モノを集めることの意味、有効性、社会的価値」を、多くの実例を引いて証明した本だ。

元本（ＪＩＣＣ出版局　一九九二年）も所持しているが、単行本のタイトルは『コレクターシップ　「集める」ことの叡智と冒険』だった。文庫化に際して、十三年を経て、『コレクターシップ』が『おたくの本懐』と改められた。冒頭に「その頃、なぜ私はおたくを弁護しなければならなかったか」という一文が新たに書き下ろされているのは、改題にあたって、「おたく」の擁護を表明する必要があったからである。

ここで、絵画や骨董《こっとう》、茶道具までを蒐集対象とする錚々《そうそう》たる近現代のコレクターたちを紹介し、彼らを「元祖おたく」と規定しているのも、改題に引っ張られているからで、本書の目ざすところは、やはり元のタイトルにある「コレクターシップ」というべきものではないか。

ここで著者は「集めていくうちに、集まったものから自分の考えを教えられ、考えをまとめていく方向性を示されるということが、しばしばあるのではないだろうか。自分でも目的が分からない単なる好奇心から、人はものを集めはじめる。だが、いつしか集まったモノは言葉となり文脈となって、人を叡智へと導いていく。自分でもはっきり分からなかった好奇心の正体が、叡智へと結晶化していく」と、コレクターの言い訳とも思える、強い衝動を正当化、代弁している。

「こんなガラクタばかり集めて、家中が散らかって汚くなるし、もうどうにかしてちょうだい！」と、奥さんから日ごろ責め続けられているコレクター諸氏は、この文面を暗記し、ただちに反撃の材料としていただきたい。

快楽を追求するためには

著者自身が古書のコレクターであり、それを基盤に、歯科医という正業のかたわら執筆活動を怠りなく、ほとんど毎月のように（は大げさか？）著書を世に送り続けている。『偽史冒険世界』（ちくま文庫）、『鷗外のオカルト、漱石の科学』（新潮社）、『日露戦争　もうひとつの「物語」』（新潮新書）などのタイトルからわかるとおり、専門は日本近代史、とくに科学史に強く、漱石に関する著書も多い。また、『海野十三戦争小説傑作集』（中公文庫）の編纂《へんさん》に関わるなど、日本のSF・ミステ

大学の図書館のような長山氏の書庫

りの蒐集家でもある。
　かねがね、長山氏の本棚を一度見せてもらいたいと思っているが、それはおそらく、長山記念館として、将来保存すべき筋の通ったコレクションになっているはずだ。
　元本の『コレクターシップ』が、『おたくの本懐』となって「ちくま文庫」入りした際、書き加えられた補章に、著者の「コレクターシップ」が披瀝されている。くわしくは同書を読んでいただくとして（ちなみに元本も「ちくま文庫」版も品切れ中）、要点だけを追う。
　長山氏の蒐集対象は「戦前の探偵小説や科学小説、偽史やとんでもない科学上の奇説珍説にかんする本、明治文学、明治大正期の社会風俗が分かるような雑誌類など」。現在は生まれ故郷の地方都市で歯科医を開業している。大学は横浜市の鶴見大学へ通い、「学生時代には食費を削って本を買い、今日に至るまで本以外に道楽をしたことはないが、まったく後悔はしていない」と言うから、自分の大学生活を考えて、同類がここにもいたとニンマリする。

ただし、ここが違うと思うのは、氏は、歯科医を務めながら、コレクターシップを維持し、多くの本を読み、著作を執筆するために「早寝早起きを励行している」。

本好きだった長山氏は中学時代の夏休み、三日三晩読書に没頭し、ついに目が開かなくなったという。その時、「このまま失明して一生本が読めなくなるかもしれない」と恐怖に駆られた。幸い、ほどなくして目が開き大事には至らなかったが、この時「快楽を追求するためには、身を慎んで規則正しい生活をおくらなければいけない」という真理を会得《えとく》した。おもしろい。たしかに、長山氏の著作群を眺めると、規則正しい生活のなかからでなければ生まれない緻密《ちみつ》な仕事ばかりだ。

実生活とコレクターシップを併存させるためには「規則正しい生活」が必須、と教えられた。私も夜になって、だらだらと酒を飲むのを止《や》めれば、もう少しマシな仕事ができるかもしれないと思うことがあるのだ。反省しよう。
また、「佐藤春夫によれば、本の保存にはその値段の三倍から五倍の費用がかかる」などと、イヤなことばも同著には引用されている。いやあ、聞きたくない、聞きたくない。ゴメンなさ〜い。

【教訓　その十二】

実生活とコレクターシップを両立させるためには規則正しい生活をすべし。家族の理解も得られる。

第十二話　「自炊」は蔵書問題を解決するか？

「昭和」というチョンマゲ

私は、加速する世のデジタル化について、周回遅れでとぼとぼ追従している人間だ。ときどき足が止まりかけるぐらい、歩みは遅く、先頭集団と一緒にゴールする気持ちなど最初から失《う》せている。

具体的には、音楽はＣＤで聴いているが、ダウンロードしてｉＰｏｄというところまではいかない。それどころか、ときどき古いレコードをターンテーブルに載せて聴くこともある。

ケータイは所持しているが、使うのは外出時のみで、家にいるときかかってきても出られない場合が多い。そもそも、どこに置いたのかも忘れて、家の電話から自分のケータイへ電話して、その居場所を確認することもある。メールも検索もできず、電話帳登録も自宅の一件だけ（その後、スマホに替えて少し改善）。

パソコンは商売道具として、原稿作成のために駆使しているし、毎日のようにブログも書いている。情報検索もするし、メールも打つ。しかし、いまだその全機能については、霧の立つ森のなかを歩いているようで、まったく心もとない。じつはここだけの話だが、プリンターは持っているが、画像をプリントアウトしたこともない。地図を使うときなども、グーグルマップなどで検索し、該当の場所を紙の地図帖に描き込んでいる。「ＰＤＦをプリントアウトしていただいて」なんて指示が来ると、「悪いけど、ファクスしてもらっていいですか？」と泣き声になってメールを送るハメになる。

もっと言えば……いや、やめておこう。こんなこと、いくら書いても仕方がない。バカだと思われるだけだ。少しだけ言い訳をすると、どこかで、あんまり便利なものにどっぷりとはまり込みたくない、という制御心が働いているのだ。

要するに、「昭和」というチョンマゲを、どうしても切る気になれず、世のデジタル化の恩恵を充分受けているにもかかわらず、どこかＳＦ的進化の世界からは、拗《す》ねて背を向けている。イヤな奴だ。もちろん「ALWAYS　三丁目の夕日」シリーズはおいおい泣いて観る。

「自炊」って、なに？

「自炊」ということばが、これまでと違った意味として使われているのを知ったのはいつ頃だろうか？　本や出版に関する新聞記事を貼り付けたスクラップブックを繙くと、二〇一〇年八月二十日付「毎日新聞」の「本の『自炊』脚光」という見出しの記事がもっとも古い。もう一つの見出しが「スキャナー読み込み→マイ電子書籍に」とある。これで、「自炊」なるものの新たな意味を知って驚いたのだった。

貧乏な学生が、西日の射す四畳半の下宿に住み、夜になると鍋で飯を炊いて、きゅうりのキューちゃんと特売の鯖《さば》の缶詰で食事を済ます。これが従来の「自炊」のイメージだが、記事を読むと違うのである。

「本のとじ目を切り落として1ページずつばらばらにしてパソコンにつないだスキャナーで取り込み、電子データで保存して読む。『自炊』はネット上の俗語で、『自分でデータを吸い込む』イメージに『炊』の字をあてたからなど諸説ある。持ち歩きしやすい米アップルの新端末『iPad（アイパッド）』の登場が自炊化を後押しする」と記者の岡礼子が、わかりやすく解説している。

鍋でご飯も、鯖缶もまったく関係ない。これは読書環境における、新しいスタイルの登場だった。二十一世紀を舞台にした「鉄腕アトム」では、アトムは小学校の教室で紙の教科書をみんなと一緒に読んでいる。端末でデジタル化された書籍を読むという場面はおそらくないと思う。天才・手塚治虫でさえ、予測出来ない事態が出現したといっていいだろう。しかも、そこに「自炊」という、やや貧乏くさいことばをあてはめたところが、どうにも奇妙な感覚だ。

材料を切り刻んで、別の道具を使って仕上げるところは、たしかに「料理する」という表現に近い。「毎日」の記事にある通り、「自炊」には、すでに持っているパソコン以外に、新たに道具が必要なのだ。ページの両面に対応できる精度のいいスキャナーと、本のとじ目をバラバラにする裁断機だ。

二〇一〇年の記事掲載時点で、「ネット通販大手のアマゾンでもスキャナーと裁断機の人気機種は六月の注文数が四月に比べ倍増した。ヨドバシカメラ新宿西口店では七月末から、自炊方法を紹介するコーナーが設けられている」という。

どうやら、「自炊」はデジタル世代に歓迎され、受け入られているようだ。しかし、あたりまえだが初期投資が必要だ。まず裁断機だが、「ブック40」という機種が定価一万六千五百円。カッターナイフを使って裁断することも可能だが、三百ページの本を一度で切り落とせるわけもなく、けっこう時間も力も必要だ。紙の束は数枚なら易々と切れるが、何百枚と重なると強固になるからだ。

スキャナーの最新事情についてはくわしくないが、試しにアマゾンで検索すると富士通の「ScanSnap」という機種が約一万四千円から三万八千円ぐらい。裁断機の方も、刃は永久的に使えるわけではないから、継続して使うなら、定期的な交換が必要だろう。これにもお金がかかる（すべて二〇一〇年現在のデータ）。

いったんデジタル化して、ファイルに取り込んでしまえば、場所を取らず、自由にいつでも取り出せて便利。それはそうだろうが、そこにたどりつくまでの作業が、面倒くさがり屋の私には、非常に迂遠《うえん》で、厄介なことのように思える。

困るのは飛行機の離着陸の時だけ？

「自炊」がかなり広く、浸透しているのだろうと思わせるのは、『【自炊】のすすめ 電子書籍「自炊」完全マニュアル』（インプレスジャパン）という本が二〇一一年に出ているからだ。著者は山口真弘氏。略歴を見ると、「テクニカルライター。PC周辺機器メーカー2社、ユーザビリティコンサルタントを経てライターとして独立」うんぬん、とある。これに続く紹介も、古いポンコツのライターである私には、ほとんど理解不能だ。

著者は「『自炊』が突然広まった背景」を、一つには、電子書籍を読む端末として、iPadを手にしたとき表面化した、「日本語で読める電子書籍タイトルがまだまだ少ない」という問題点を挙げている。

たしかに、紙の本の出版と同時に電子書籍も発売するのが当たり前となったアメリカの出版界に比べると、日本の電子書籍市場はまだまだ遅れている。また、値段の方も「米国では書店で本の値引きができるが、電子書籍はそれよりも安い場合がある。例えば30ドルの新刊が、キンドルで9ドル99セントで売られている」（「朝日新聞」二〇一一年三月二十二日付）というのに比べたら、日本の場合は、そこまで安くはできないのではないか。

「自炊」するための道具を初期投資で購入すれば、あとは、これまで買った本（それはすなわち自分の好きな本）を、電気代程度で電子書籍化できるわけだから、たしかにいい。

この「好きな本を好きな端末で楽しめる」という点と、もう一つ、大きなメリットとして著者が挙げるのが「本の置き場所を減らせる」だ。

「本棚の本を『自炊』して、元の本を処分してしまえば、物理的な置き場所が必要なくなります。データを保管しておくハードディスクのスペースさえあれば、たくさんの本が収納できるのです。たとえば、2TBのハードディスクなら、自炊データ1冊が平均50MBとして、約4万冊が格納できることになります」

まあ、四万冊の蔵書を持つ人は、そうはいないだろうが、とにかく、ここを読む限り、「自炊」をすれば、「蔵書の苦しみ」も解決できることになる。

二〇一三年四月二十八日付「朝日新聞」のシリーズ連載記事「身の回りの電子化」第三回では、福岡市で不動産管理業を営むH氏（四十九歳）が、「自炊」で「蔵書の苦しみ」から解放された体験を語っている。

「約4200冊あった蔵書は、全て消えました」

これが冒頭に、まず来る。記事によれば、H氏は、蔵書家だった知人が亡くなり、その遺品の片づけを手伝った際、「室内は、一面に本や雑誌が散乱し、足の踏み場もない状態」を目撃する。遺族もうんざり。そこで、蔵書整理を決めた。

「自炊」で「六つの本棚にあふれかえっていた蔵書を、約一年半掛け全部電子化してしまった」。使っているリーダー端末は「キンドル」。「メチルトラン」という無料ソフトを駆使して、画像の活字も再配列して、読みやすくした。活字の大きさも自在に加工できて、老眼が進んだ眼にも「とても快適」だという。困ったことはただ一点。「飛行機に乗った時、電子機器が使えない離着陸時に読める本がなくなってしまったことくらい」だと言う。

この記事を読むと、それ以外は、なにもかも、書籍の電子化はいいことずくめのように思える。

しかし、ここまで言われると、本好きの私としては「おいおい、ちょっと待てよ」と難癖をつけたくなってくるのだ。どうです？　みなさん。

「電子書籍と呼んでいる限り、電子書籍は普及しませんよ」

ここで気になるのは、H氏が「約４２００冊」を所有していた蔵書家で、その中身については触れられていないこと。掲載された写真では、パソコンに向かうH氏の前に、馬鹿でかく文字が拡大された画面があり、そこには『第四解剖室』とタイトルが見える。これは、スティーヴン・キングの短編集で、二〇〇四年に新潮文庫に邦訳が収録された。

キングの読者なら、読書家の質はそんなに悪くない（えらそうにすいません）。ただ、その他の「約４２００冊」の中身が明らかにされないかぎり、そんなに簡単には、「書籍の電子化はいいことずくめ」とは言えないのだ、私の場合。ビジネス書や実用書の類は、もちろんどんどん「電子書籍」化してもらってかまわない。

私が「電子書籍」に目くじらたてる、その理由については、ここまで本書を読んでくださった方なら、あまりくだくだしくことばを費やさないでもわかってくださると思う。「本」は、中身だけで成り立っているものではない。紙質から造本、装丁、持ったときの手になじむ触感、あるいは函入りであったり、変型本だったり、それぞれの姿かたち。これらを総合して初めて「本」と呼びたい。

たとえば今、手の中に、昭和五十三年に小澤書店から出された吉田健一の『譯詩集　葡萄酒の色』がある。マーブル地の函から出した本体は、グラシン紙で包まれた、真っ白な簡易フランス装。手に持ってパラパラ開いていくだけで、旧字旧かなによる精興社の活字が目に飛び込んでくる。

函を持ち、そこから出し、読む前に触り、見る。この一連の動作に「読書」の姿勢はあり、そのためにつきまとう所有の苦労を厭《いと》わない。「蔵書の苦しみ」は、「蔵書の楽しみ」でもあるのだ。

えっ、古いですか、考えが。そうかなあ……。決定的なことだと思うのですが。

「電子書籍」は電子コンテンツではあっても「書籍」ではないのではないか。出版事情にくわしい永江朗《あきら》さんから、「『電子書籍』と呼んでいるかぎり、『電子書籍』は普及しませんよ」と聞いたことがある。目からウロコの名言だと思った。「でんししょせき」なんて、冷たくて硬い響きと印象で、親しみがなく言いにくい。まるで国鉄民営化の際に、提唱されて定着しなかった「E電」という名称みたい。

しかも、旧メディアである「書籍」という用語に、追従してしまっている。「本」のことを、一般の人は会話のなかで「書籍」とは呼ばない。我々、本にたずさわる人間にとっても、「書籍」という名称を使うのは、書店で本を買って領収書を書いてもらうとき、「但し書は、書籍代でよろしいですね？」と書店員に言われて、うなずく時だけだ。これではねえ。

これがもし電子書籍化されたとして、その価値は等価と言えるだろうか

「電子書籍」は、「書籍」ではなく、まったく新しい、未来に開かれたメディアであるはずだ。また、紙の本をそのまま電子化するだけでは、新メディアにはな

りえない。そうだとすれば、それなりの親しみやすい名称が必要ではないか。

もっとも、「電子書籍」への流れを、私は否定するものではない。やりようによっては、他ジャンルとコラボレーションし、より読書を活性化する救世主だとも思っている。ただ、現状を見るかぎり、それを試してみようとは思わない。H氏がしたように「蔵書は、全て消えました」と、言いたくない。まるで、自分が消えてしまったような気がするからだ。

こんな私の「紙の本」への抜きがたい愛着を「負け犬の遠吠え」だと思ってもらってもかまわない。真夜中に一人、月に向かって私は吠え続ける。

「自炊」推進派の詩人

われわれのまわりで、「自炊」を実践している知人は、いまのところいないようだ。「われわれのまわり」とは、雑誌の編集者だったり、新聞記者だったり、新刊書店員、古書店員、そしてライター仲間など、いちおう広く「本」に携わる人たちなのだが、「自炊」体験を聞いたことがない。いや、本当のところはわからない。私が意識してリサーチすれば、案外「いや、やっていますよ」と言うかもしれない。

「自炊」推進派を探したところ、詩人の清水哲男さんが、すでに実践中と聞いて、取材をさせてもらった。詩集『喝采』『スピーチ・バルーン』『東京』などの詩人・清水さんの紹介を少ししておく。

清水哲男さんは一九三八年東京・中野の生まれ。敗戦後に山口県に一家で移転、以後大阪、西多摩郡などへ移り住み、小学校を三度、中学を三度変わったという。都立立川高校を卒業後、京都大学文学部哲学科へ入学。京都で大学生活を送り、二十五歳のとき、第一詩集『喝采』を発表。詩人としてスタートする。

大学卒業後に上京し、芸術生活社、河出書房で編集者を務める。仲間と編集プロダクションを一時期やっていたが、詩を書くかたわら、フリーのライターに。時代は七〇年代。活字文化に勢いのある時代で、清水さんは〝なんでも屋〟ライターとして、「電子レンジの使い方」から、マンガ論、「少年マガジン」のカラー大図解、花の中三トリオの本やきわどいものまで、何でもこなした。資料として「本」が必要な仕事ばかりであることは言うまでもない。

また、一九七九年から十二年間、ＦＭ東京で朝の生ワイド番組のキャスターを務めたという、異色の経歴を持つ。取材中、このキャスター時代の話もうかがったが、一冊の本にまとめておいてほしいほど、おもしろい話がいっぱい出てきた。

一九九七年から「増殖する俳句歳時記」のサイトを起《た》ちあげ、ネット上で俳句の鑑賞を続けていた。電脳化にいち早く着手した詩人でもある。

ワープロに手を染めたのも早かった。一九八四年に、当時七十万円を投じて、初期の東芝ワープロの機種を購入した。

「新しいもの好き？　それもあるけど、ぼくは筆圧が強くて、原稿用紙に文字を書いているうち、腱鞘炎《けんしょうえん》になったんですよ。ドアのノブを回すのさえ、痛くてできないような状態になって、やむをえずワープロを使い出した。詩でも、ワープロで打って、プリントアウトしたものを編集者に渡す。それで、言われたことがありますよ。『苦労の跡が見えない』って（笑）」

本の重みで家が傾く

ワープロから自然にパソコンへ執筆環境は進化して、二〇一〇年に「iPad」を購入することになるのだが、その前に、清水哲男さんの蔵書環境の変遷について。

まずは京都大学へ通う大学生時代。

「下宿したのは、最初が小唄《こうた》の先生の家で、二回目が長唄《ながうた》の先生。……そう聞くと、色っぽく聞こえるでしょう（笑）。まったくそんなことはないんだ。習いに来るのが素人で、それを師匠が指導する。同じところを何度も繰り返すだけで、しかも下手でしょう。聞いてられませんよ」

ただ、大家としては本業ではない素人の下宿なので、出入りは自由なのがよかった。いずれも六畳間に本棚は一つ。「文学部の学生で、それで足りたんですか？」と聞くと、当時は学生運動に忙しく、そんなに本を読んでいるヒマがなかったのだという。

「読みたい本があったら図書館へ行けばいいし、それに何冊も本を買うほど経済的に余裕もなかった」

一九六四年、東京・御徒町《おかちまち》にある「芸術生活社」へ入社した頃、月給二万一千九百円で下宿は借りられず、社の編集室の隣にあった六畳間に寝泊まりしていた。写真部の同僚と同居だったので、ほとんど自分の荷物は置けない。「このときは、本棚なんかありません。床に積みあげているだけ」とのこと。

芸術生活社を辞めて、河出書房が発行する文芸誌「文藝」の編集者となる。このとき、高円寺のアパートに部屋を借りて、ようやく本棚が置けるようになる。部屋は二階にあった。

「壁際に背の高いスチールの本棚が三本あって、これで本が増えてもだいじょうぶ、だと思っていたら、河出（書房）では、当時、自社で出した新刊を社員に配るんですよ。毎日のように二、三冊、本をもらって帰ってたら、あっというまに本がたまってしまった」

ある時、大家に呼ばれて、一緒に外へ出た。大家が「ちょっと、家を見てください」と言う。見ると、あきらかに木造二階家が傾いていた。清水さんの部屋がある方、片側の壁に本を置き過ぎて、その重みで傾いたのである。これは何とかしなくてはいけない。それからは、本棚に本を置くのは避けて、寝床の周囲に、床から直に本を積むようにしたという。

本を売る、ということはしなかったのか？

「それはしなかったんですよ。河出（書房）からもらってくる本は、同僚が作った本でしょう。いわば、同じ釜の飯を食った仲間の本だから、それを売るっていうのは抵抗がある。しかし、詩の時評なんかを始めると、全国から詩集が送られてくる。

それがすごい量で、一年に数百冊単位でしょう。これも売ってお金にするのは忍びなくて、溜まったらゴミの日に出していました。売るより焼かれるほうがいいだろう、と」

奥さんの目から見て立派な本だけを並べる

その後、家を傾かせた高円寺の下宿に別れを告げ、中野の賃貸マンションへ引っ越していく。結婚したからだ。ここは2LDK。このとき、別に仕事場を借りた。六畳にキッチンのついた部屋。高円寺の下宿のときと同じ轍《てつ》は踏むまいと、仕事場では本棚を置くのをやめた。

「デスクも座り机にして、そのまわりに本を積むようにしました。林忠彦が撮った坂口安吾の執筆姿の有名な写真があるでしょう。あんな感じですよ」

この中野のマンションから、三十数年前に現在も住み続ける三鷹のマンションへ移転するのだが、このとき、ちょっとした事件が起きた。清水さんは「少年マガジン」の原稿や、マンガ論を手掛けていた関係で、創刊号からの「少年マガジン」「少年サンデー」、それに虫プロ商事発行の「COM」のバックナンバーをみんな揃えていた。いまとなっては、ちょっとした「お宝」である。

仕事が忙しく、引越しの作業をすべて奥さんにまかせていたのだが、ある日、自宅マンションへ帰ってみると、これらマンガ雑誌がすっかりなくなっていた。聞くと、いらないと思って処分したという。これはショックだったろう。

「いや、そうでもないんですよ。カミさんからしたら、引越しで不要なものを処分するとしたら、古いマンガ雑誌なんか、真っ先に要らないものでしょう。わかるんですよ。それじゃあ、自分では捨てられるかというと、できないでしょう？　だからかえってさっぱりした、という感じでした」

長年住み続けている、現在のマンションは３ＬＤＫ。六畳間を書斎兼自室にしている。ここにほぼ蔵書が集められている。ダイニングキッチンにも、頑丈で立派な本棚が置いてあるが、「ここには高そうな本、つまり女房が見て立派な本、と見えるものだけを並べている」。清水さんほどの人でも奥方が気になるのか！

自室には、三層の移動式本棚があるがすでに満杯。そのすぐ横で、清水さんは寝ているそうで「地震が来ればおしまい、でしょう」という。

「iPadはぼくのランドセル」

ｉＰａｄを購入したのは、この端末を読書機として駆使するため。

「今年（二〇一二年）、七十五歳でしょう。もう残り、どう考えてもそんなに（本を）読めない。これ以上、本を増やすのもイヤだし、買った本はどんどん『自炊』して、これに入れています」

現在、ひんぱんに「読む」カラー版の歳時記をはじめ、約七百点の書籍を電子化して、端末に取り込んでいる。

目の前で、じっさいに愛用のｉＰａｄを操作してもらったが、じつにスムーズ。高齢者が新製品を相手にモタモタと格闘する、というイメージはまるでない。

「接続が早いし、歳時記に掲載されたカラー写真も、紙に印刷されたものより、こっちの方がきれいですよ。それに、文字が自在に拡大できるのもいい。ぼくは、目が悪くて、これに慣れちゃうと、ちょっと文庫本の文字なんか、読めないですねえ」

清水さんは外出時にも、必ずこの愛機を携帯し、いつでもどこでも取り出して「読む」という。メールのやりとりも、今はこれで済ます。映画などもこれに取り込んで観ているという。

「『チャーリング・クロス街84番地』は、どうしても観たい映画で、DVDも手に入らなくて、アップルのiTunesからダウンロードして、ようやく観られた」

（注／アンソニー・ホプキンスとアン・バンクロフトが主演した、イギリスの古書店主と顧客の女性の手紙のやりとりによる交流を描いた一九八六年のアメリカ映画。デヴィッド・ジョーンズ監督）

ただ、映画はデータ容量が多いため、そんなには取り込めない。「本は映画の百分の一ぐらいでしょう」と清水さんは見る。その点でも、本は電子化に向いていると考える。清水さんは、詩集でさえ、このiPadで読むことにも、まったく抵抗はない、という。

この先、まだ三百点程度を追加して、全部で電子ライブラリーを千点ぐらいにしたいと考えている。残る人生を考えれば、もうそれで充分。清水さんにとって、iPadはいまや手放せない移動書庫となりつつある。

「なんでもここへ入るでしょう。そして好きなときに取り出せる。私にとって、これ（iPad）は小学生にとってのランドセルみたいなもの、なんですよ」

【教訓　その十二】

紙の本を愛する人間は電子書籍に向かない。よって蔵書の苦しみは解決しない。

第十三話　図書館があれば蔵書はいらない？

図書館はありがたい

私がこの本を書くにあたって避けてきた話題が一つあり、それは、図書館の利用術である。ここで「図書館」とは、以後、公立図書館を指すが、これをうまく使えば、特に古書に興味がない一般的な読書人にとって、ほぼ自分の蔵書など不要とも言える。つまり、寅さんふうに言うならば、「蔵書の苦しみ」において、「それを言っちゃあ、おしまいよ」という話題なのだ。

物書きや研究者など、本を道具とするプロはそうはいかない。それが健全な家庭生活を圧迫するほど本を買い込んで溜める、ある種の防波堤になっている。「やっぱり資料となる本は、つねに手元へ置いておかないと」と言い張ることで、なんとか家人からの攻撃を防御している。しかし、その「手元」にあるはずの本が、けっきょく見当たらず、近隣の図書館へ借りにいく始末だ。あるとわかっていて見当たらない本を借りる。これが私の図書館利用術の極意だ。

なにしろ、架蔵さえチェックすれば、そこには、まちがいなくある、しかもすぐ出てくる。なんと図書館とは便利なんだろう。

そのほか、自分の蔵書では手薄なジャンルの本も、とりあえず必要なものだけ借りて重宝している。

いま、目の前にレシートタイプの「貸出期限票」が貼られているが、これは返却を忘れないための備忘措置である。現在は四冊。『シニアの読書生活』『埼玉鉄道物語』『埼玉県の歴史散歩』『市民の図書館　増補版』とタイトルと返却日がひと目でわかる。なにしろ、部屋中、本が山積、散乱しているので、ここにまぎれたら、雪崩で遭難した登山者を救助するような騒動になる。

借りてきた本は決まった場所に置いておき、この貸出票で確認して返すようにしている。私が借りるような本は、予約で待つ人が重なったりすることもないだろうが、期日までにちゃんと返却するのがルールと心得ているからだ。そう言いながら、『市民の図書館　増補版』（日本図書館協会）を別の日に借りて、返却し忘れていることに気づいた。いかんいかん、明日、返しに行こう。

タイトルに「埼玉」がつく二冊は、「日本古書通信」誌に連載している古書店探訪記（「昨日も今日も古本さんぽ」）で、秩父へ行ったときのことを書くための参考資料だ。老川慶喜『埼玉鉄道物語』（日本経済評論社）は、秩父鉄道および西武秩父線についての記述を補完するのに、たいへん役に立った。税込み三千円弱する本なので、ほんの数行の記述のためにわざわざ買うのはもったいない。また、買って手元に置いても、そうそう繙く種類の本でもない。一時期拝借できる図書館というシステムは、非常にありがたいのである。

図書館で充実しているのは図書館本

『図書館の誕生』（日本図書館協会）は、著者・関千枝子。図書館について書かれた名著で、副題が「ドキュメント　日野市立図書館の20年」。じつは、ここに登場する元日野市立図書館の創設メンバー前川恒雄が書いた『移動図書館ひまわり号』（筑摩書房）を、偶然見つけて読み、異常なほどの感動を覚えたのだ。その内容について詳述するのは、『蔵書の苦しみ』のテーマとはずれるので避けるが、それから、次々と図書館で図書館に関する本を借り出すようになる。そこで気づいたのは、図書館には、図書館に関する本が充実している、ということだった。

これはある意味、あたりまえかもしれない。図書館に置く本を選ぶのは図書館員であり、とくに日本図書館協会が発行する本は、一般性の少ない専門書が多いから、公立図書館が購入しないかぎり出版が成立しない。図書館の本が置かれているのは、日本十進分類法で「総記」。私は図書館を利用するが、図書館そのものに興味はなかったから、『移動図書館ひまわり号』の衝撃以前は、あまり立ち寄らなかった。日本でこれだけ図書館関連の本が多数出ていることは知るよしもなかったのだ。

いまは行く先々の公立図書館を訪れ、先日は、中央本線茅野《ちの》駅（長野県）に隣接する茅野市民館内の図書室が、駅と市民館をつなぐスロープを活用した、陽がさんさんとふり注ぐ、ユニークな建築であることを知り、わざわざ訪ねていったほどだ。

借りるだけではない。こうなると図書館に関する本が次々と目につくようになり、たちまち十冊を超える図書館本を購入するようになった。当初は、図書館をうまく使えば、蔵書は減るというコンセプトで書き出した原稿だったが、話は逆だ。とくに小田光雄『図書館逍遥』（編書房）は、図書館にまつわるあらゆる本や文学作品を次々と紹介したみごとな読書エッセイで、絶対のおすすめ本。教えられることばかりで、すっかり堪能して図書館熱に拍車がかかった。おかげで、ここに紹介された室井光広の芥川賞受賞作『おどるでく』（講談社）や、モスタファ・エル＝アバディ『古代アレクサンドリア図書館』（中公新書）などを探して、またまた本が増えていく。古本屋で飯島朋子『図書館映画と映画文献』（日本図書刊行会）、冨澤良子『TOKYO　図書館日和』（アスペクト）なんて本を見つけると、嬉々として買い上げる。これでは、どうにもしょうがない。

そんな「図書館熱」に罹《かか》るとは思っていない、少し昔に遡《さかのぼ》れば、私はこんなふうに図書館を使っていた。

情報採集の場

およそ二十年前、フリーライターになったばかりの頃、情報採集の場として、当時在住していた市内の図書館を複数利用していた。ビジネスマン向けの生活スタイルを提言する情報雑誌で原稿を書いていたときは、未知の分野について取材するとき、よく図書館のお世話になった。まだ原稿も手書きからワープロへ移行してもない時代で、ネット検索も普及していない。

編集部から企画が出て、所属するライターに割り振られる。これが水虫の治し方から、夫婦は別々のベッドで寝たほうがうまくいくなんてネタまで、じつに種々雑多で、扱う分野は広範囲であった。私は、いちおう教壇に立った七年と、上京して雑誌社で編集者を務めた一年半、社会人としての経験があるにはあったが、関心の範囲は狭く、取材執筆で振り当てられた分野は、ほとんど何も知らないに等しかった。雲をつかむような話、とはこのことだ。

そんなとき、とりあえず図書館へ行って、知りたい分野に該当するジャンルの棚の前に立てば、なにかしらの情報を得ることができた。また、その分野について、誰が書いているか、著者をチェックすることで、その人が取材対象になったりしたのだ。

「資料の本はバンバン、買っちゃってください」と、当時羽振りのよかった出版社では、担当編集者に言われていたから、図書館でチェックした本は、後日書店で手に入れた。だいいち、著者に会いに行く場合、図書館で借りた本を持っていくのは具合が悪い。ちゃんとご著書を買わせていただきました、という姿勢を見せるのが、取材者としてのエチケットだろう。

またありがたいのは、公立図書館では、市内に分散する各館を統括して蔵書を管理し、検索できる機能があることだ。これは、自宅からもアクセスして検索が可能。私なら「国分寺市立図書館　検索」というページをブックマークしておいて、ひんぱんに蔵書の有無を確認している。市内の図書館になくても、たとえば日比谷図書文化館とも連携し、そちらにある場合は、地元の図書館を通じて借り出せるようだが、そこまでの手間をいまのところは私は取っていない。

最寄りの館になくても、市内の別の館にあれば取り寄せてくれるし、A館で借りた本をB館に立ち寄ったときに返すのも可能で、この相互の融通は利用者にとってすこぶる重宝だ。

閉架にシブい本あり

ここでちょっと、図書館を利用し慣れていない人に耳よりの話を。というのは、図書館の所蔵する本は、本棚に並んでいるだけじゃないのだ。自宅からでも館内に設置された端末からでも、いろいろ検索してみればわかるが、目当ての本が、ときに「閉架」と表示されていることがある。これは、館内で自由に閲覧できる蔵書とは別に、たいていは貸出カウンターの後ろにある事務室のような場所に、目に触れないかたちで所蔵されている、ということだ。まあ、使い慣れている人には、これほど字数を割くまでもない話ですが。

ある時、私も大好きで、古本業界ですこぶる古書価の高い物故作家である小沼丹を、「国分寺市立図書館　検索」でチェックしてみた（※二〇一三年時点の検索結果）。ヒットしたのは二十五冊。小沼作品の収録されたアンソロジーや、小沼による訳書、あるいは解説を担当した本などを除けば、開架扱いは、わりあい最近に出た本が多い。みすず書房から一九九四年に出た『珈琲挽き』と、一九九八年に出た『福壽草』という随筆集。あるいは筑摩書房一九九二年刊の師・井伏鱒二について書いた文集『清水町先生』、およびその文庫版（ちくま文庫　一九九七）、未知谷二〇〇五年刊『風光る丘』、講談社文芸文庫『小さな手袋』などだ。まだ新刊書店でも手に入るものもある。

しかし、これで小沼丹の文業の総体を測ることはできない。そこで「閉架」に目を移せば、『椋鳥《むくどり》日記』（河出書房新社　一九七四）、『藁屋根《わら》』（河出書房新社　一九七五）、『山鳩』（河出書房新社　一九八〇）、『埴輪《はにわ》の馬』（講談社　一九八六）が、ちゃんと保管されているのだ。講談社文芸文庫で読めるものもあるが、『藁屋根』『山鳩』は単行本は絶版で、現在は全集以外では読めない。

また、検索することによって、みすず書房の「大人の本棚」シリーズの一冊、スティヴンスン『旅は驢馬《ろば》をつれて』が小沼丹による訳であること（元本は古書価がすこぶる高い)、光文社文庫の「ミステリー文学資料館」シリーズの『ペン先の殺意』と『江戸川乱歩と13の宝石』に、それぞれ小沼作品が収録されていることがわかるはずだ(おそらく創元推理文庫に入った小沼のミステリ『黒いハンカチ』からの収録だろう)。

そのほか、これも古書界で再評価の高い後藤明生が、開架ではあまり見当たらぬが、閉架では『笑いの方法』はじめ、『笑坂』『夜更けの散歩』『四十歳のオブローモフ』『行方不明』『もう一つの目』『行き帰り』『めぐり逢い』『笑い地獄』など続々と揃う。

こういった地味な純文学作家は、亡くなると忘れられ、容易なことでは後世に読者がつかない。利用者の求めに応じて、新しい図書を購入していく以上、棚の確保の問題として、「閉架」扱いになるのはやむをえない。むしろ、利用者が少ないのに、廃棄処分もせずに、よくぞ残してくださったという気になるのである。

シブい作家は「閉架」を探せ。私は小沼丹も後藤明生も、ある程度の蔵書を所有していたが、高い値段がつくとわかっているから、全部売っぱらってしまった。だから、この「閉架」リストを見てひと安心。廃棄されない限り、読みたいときには、いつでも借り出せる。

【教訓　その十三】

地味な純文学作家の作品は、売ってしまっても図書館で再び出会える可能性が高い。閉架扱いを要チェック。

第十四話　蔵書処分の最終手段

本の捜索に業を煮やした結果……

地下の書庫がいよいよ収拾がつかない事態となってきた。床が見えないほど散乱した本や雑誌。その上を踏んで歩かねばパソコンのあるデスクにたどりつけない。かんじんな本が見つからないことは、もはや常態で、自分の書評記事を貼り付けて保存しているスクラップブックも、どこかへまぎれてしまった。

あれがない、これがない。そんな徒労と思える捜索にもうんざりしてくる。それでも日々、本は降り積もるように増え続ける。

このままでは本が嫌いになりそうだと思った。それだけは避けたい。自分がよって立つべき存在意義がなくなってしまうからだ。そこで、蔵書の大量処分を考えた。これまでも何度か、数千冊単位で処分をしてきたが、きりもない。古本屋さんに本を処分するために本を買っているのかと、思われるほどだ。

そこで考えた。古本屋さんに処分するのではなく、自分で売ってみよう。

普通なら、ネットに出品して、そこそこの値をつけて販売するというのが、素人ができる常套《じようとう》手段だ。しかし、パソコンの扱いもままならず、多大な手間と時間を要するネット販売は、どうも自分には合っていない。しかも、蔵書の減量は待ったなしだ。

ならば、自分一人で「古本市」を開いたらどうか。つまり、私がひんぱんに参加してきた、素人が路上で古本を売るフリマ形式の「一箱古本市」を、一人でやってしまうということだ。古本屋さんを通さず、短期間で蔵書を減らすには、これがいいと考えた。

一万冊の蔵書を一挙放出

この「一人古本市」には、すでに前例があった。二〇一〇年の二月の十一日から十四日の四日間、東京・駒込にある「光源寺」という名刹《めいさつ》の境内で、個人の蔵書を一挙放出して販売するというイベントが挙行されたのだ。もちろん前代未聞のことだった。その個人とは、東京・千駄木にある羽鳥《はとり》書店という出版社の社主・羽鳥和芳さん。

「羽鳥書店」は、長く東京大学出版会に勤めた羽鳥さんが、定年退職後に起ちあげた出版社だ。山口晃『すゞしろ日記』、高山宏『かたち三昧』、長谷部恭男『憲法の境界』など、法律、美術、人文書の分野で注目すべき出版物を連打し、その名を知られている。その羽鳥さんに、ただ一つ、頭を悩ます懸案事項があった。以下、「羽鳥書店まつり」をバックアップした千駄木の古書店「古書ほうろう」のブログから。

「それは羽鳥社長の蔵書問題。『酒も博打もやりません。ともかく本を買うのが好き』という羽鳥さん。往来堂書店の笈入店長をして『毎日みえて、毎日お買い上げになる』と言わしめるその蔵書は、日々増え続ける一方。結果、引越先のご自宅は二百箱以上のダンボールで埋め尽くされ、このままではご家族との同居もままなりません。『一旦すべて売ってしまおう』と決断されたのもむべなるかな、暮れも押し迫った一日、はじめてお宅に伺うことになりました」

蔵書処分を請け負ったのが「古書ほうろう」。平成十年に二組の古本好きカップルによりオープン。広い店内に人文書からサブカルチャーまで、広い分野をフォローし、本好きに認知された古書店。この地域で開かれる「一箱古本市」の勧進元であり、店内で数々のトークやライブのイベントも開いている。

その「古書ほうろう」が、いざ羽鳥家に買い取りに行った、その続きを、店主の宮地健太郎さんは、ブログにこう書いている。

「拝見したのは積み重ねられた箱のほんの一部。でもそれが自分の買うべきものであることはすぐわかりました。単に良い本がたくさんあるということではなく、その目配りの広さがうちの店に向いていたので。が、しかし」

その「が、しかし」に続くその先を知るために、直接、宮地さんに話をうかがった。

「いや、見たのは一部ですが、本当にみんないい本だったんですよ。羽鳥さんは、近くの書店『往来堂』へ毎日のように通って、どんどん本を買っていく。本を見て、選んで、買うことそのものを、出版という仕事の活力にしていくという感じで、だから、けっこう未読の本も多い。段ボールを開けたら、書店の袋に入ったまま、なんて本もありました」

処分先を「ほうろう」に決めたのも、「往来堂」の笈入《おいり》建志《けんじ》店長に「本が増え過ぎて困っている」と相談したところ、ここを紹介されたそうだ。「往来堂」と「ほうろう」は、日ごろ「一箱古本市」などを一緒に運営する、地元のチームみたいなものだ。

「羽鳥さんの蔵書を見て、欲しいのは欲しいが、これを全部、うちで評価して支払いきれないな、と思いました。ほかの店のことはわかりませんが、うちは、買い取りの場合、一冊一冊、評価していくんです。一万冊をそんなことをしていたら、いつまでかかるかわからない。経済的なこともありました。それで、頭を悩まして、一旦はあきらめかけたんです」

段ボール二百箱もの本を収容し、店内でさばいていくのは「古書ほうろう」の規模ではたしかに荷が重いだろう。古書籍組合に加入していれば、業者の市場が利用できるから、そちらへ持ち込むこともできる。だが、「古書ほうろう」は組合未加入だった。

そこで思いついたのが、羽鳥さんの蔵書に値をつけて、そのまま一般の人に買ってもらうという破天荒なイベントだった。場所は、「一箱古本市」で会場を提供してもらった経験のある「光源寺」(文京区向丘)。ここでは、毎年「ほおずき市」が開かれていて、販売用の備品もノウハウもある。お寺の住職夫婦と宮地夫妻は親交があった。羽鳥書店の承諾も得て、ことは動き出したのである。

安い値付けで短期間に売りさばく

千駄木の新居に運び込まれた未開封の段ボールの蔵書を、三トン車で二往復して、光源寺の蓮華堂へ一万冊の移動が始まった。それが「羽鳥書店まつり」と名づけた、一人の蔵書による古本市開催の一週間前。「古書ほうろう」は、一緒に経営する山崎哲・神原智子夫妻（この二人は、その後、「ほうろう」から独立し、荒川区西日暮里で「古書信天翁《あほうどり》」を経営）にまかせ、蓮華堂にこもり、ひたすら値付けをする宮地さんだった。

「短期間で本をさばくには、とにかく驚くほど安い値付けにしなくちゃならない。一冊一冊、値踏みしていては作業が進まない。だから百円、五百円、千円の三パターンにしました。羽鳥さんには、事前に、業者の市場へ持ち込んで評価するよりは、少し総額は低くなることを了解してもらいました」

値付けは、とにかく会期中に売り切ることを目標に、安め安めにつけたという。「がまんして安くつけた」とは宮地さんの表現。つまり、本の値打ちを考えれば、もう少し高くつけたいところだが、ここは安く、というくり返しだった。「五百円か千円か迷ったら、とりあえず五百円」というシステムで、とにかく本の山を切り崩しながら値付けしていった。

宮地さんには考えがあった。単に本を処分するだけではなく、この「古本市」を通して、千駄木に居を構えた出版社「羽鳥書店」を認知してもらおう。また、それをみんなで歓迎しよう。そんな意味を込めて「まつり」と名づけたのだ。

まさに、それは「まつり」となったのだ。

「古書ほうろう」をはじめ、「羽鳥書店」社員、「往来堂」の笈入店長、不忍《しのばず》ブックストリートで「一箱古本市」を実行するスタッフ、「わめぞ」と呼ばれる早稲田「古書現世」の向井透史《とうし》さんをはじめとするメンバー、それに地元の「顔」である編集者でライターの南陀楼綾繁さんなど、延べ五十名近くが、この「まつり」の趣旨に賛同して、運営を手伝った。

本の扱いには慣れたスペシャリストが集結して、光源寺の境内、「ほおずき市」の時にはほおずきの並ぶテント下に、びっしりと本が並んだ。初日の人出はすさまじく、オープン前に結界として張られたロープのまわりに、電線にカラスが止まるように人がずらりと取り囲んでいたという。

驚異の消化率九十五%

初日にいたっても、まだ宮地さんは本の値付けをしていた。

「助かったのは、羽鳥さんが買っていたのがすべて新刊書で、しかもここ二十年くらいに出た新しい本ばかりだったこと。ここに『古書』と呼ばれる、レアもの、評価の難しいものが入っていたら、値付けはもっと大変でした。あと、本がみんなきれいで、普通なら本の埃《ほこり》をはらったり、カバーを拭いたり、またはブックオフなどの新古書店のシールをはがしたりする、その手間がいらなかった」

それでも一万冊の処理は大変だった。値付けをする一週間のあいだにも、羽鳥さんが毎日のように、作業をする宮地さんのもとを訪れては、「やっぱりこれは残しておこう」と、未練のある本を次々に確保していったという。それがあまりにひんぱんなので、宮地さんとの間に緊張する瞬間もあった。

「『いい加減にしなさい！』とは言いませんが、値をつけたそばから持っていかれると、やっぱりね（笑）」

しかし、羽鳥さんの気持ちも大いにわかる。なにしろ、これまで買ってきた蔵書を、自分のチェックなしに、すべて売り払おうというのだ。火事や災害により、一晩で失ったというなら、まだあきらめもつく。しかし、現物はそこにあるのだ。しかも、長い間封印していた箱から、「あ、こんなの買っていたんだ」とか、「あ、ここにあったのか」というような本が次々と出てくる。まるで玉手箱。

羽鳥さんは、買ったはいいが、未読の蔵書もけっこうあったようだ。いや、一万冊あれば、当然の話だ。それが買ったときの記憶そのままに、また目の前に現れたら、それがまだ自分の本だから無料だとすれば……これは煩悩がうずくのもあたり前ではないか。

「羽鳥さんは、古本市が始まってからも、まだ残しておきたい本を抜いておられました。結局、二十箱ぐらいは、そうして自分の手元に置かれておいたと思います」

と宮地さんは苦笑まじりに話す。

初日に並んだのがすべてではなく、待機していた本が、売れるたびに補充補充と、見るものにはつねに新鮮な品揃えになっていた。羽鳥さんの本は、哲学・歴史などの人文書と文芸書、それに芸術全般、マンガや雑誌もあって、非常に玄人好みの部分もあれば、一般の人が安く買えたらうれしいという本もあった。

「始まる前は、どれくらいのお客さんが来てもらえるのか、どれくらい売れるものか見当もつかなかった」と宮地さんは言う。四日間の会期中、毎日通ったお客さんも多く、また偶然通りかかって、本を買っていったお客さんもいたようだ。

結果、驚くべきことだが、用意した一万冊のうち、九割五分を売り切ったという。通常のプロが開く古本市の消化率がどれほどかわからないが、まあ、半分売れれば、かなり売れた方に入るのではないだろうか。羽鳥蔵書の質の高さと本の状態の良さ、宮地さんの値付けの巧さ、それに本に精通した腕利きのスタッフを取り揃えたことなどが勝因だろう。

残った本のうち、十箱ほどを「古書ほうろう」が引き取り、あとは「わめぞ」のメンバーである「立石書店」さんが処理を引き受けた。かくて、一万冊蔵書販売イベントは、みごとに成功を収めたのである。


「胸にぽっかり穴が開いたような気がした」


まつりの主役である羽鳥和芳さんご自身の話も聞いてみた。

一九四九年生まれの団塊世代。前述のように、東京大学出版会に早稲田大学法学部卒業後就職し、定年の六十歳まで勤め上げた。最初は、法律関係の本を作っていたが、次第に自分の企画で他の分野まで手を伸ばすようになる。

一九九四年に東京大学出版会から出た『知の技法』は、累計四十五万部を売る大ベストセラーとなり、大きな話題となったが、この本を編集担当したのが羽鳥和芳さんだった。

「当時、東大の駒場(教養学部)にいた小林康夫さんが、一年生のカリキュラムを変革されることになり、新しいタイプの『基礎演習』のテキストを作りたいと仰《おつしや》っているということを聞き、私が(編集担当の)手を挙げたんです。九三年七月に小林さんと会いまして、まだ当時、名前がそれほど知られていなかったのですが、たちまち意気投合してしまった。そこで、駒場通いが始まるんです。柴田元幸、小森陽一、松浦寿輝《ひさき》、船曳建夫《ふなびきたけお》といった人たちをそこで知る。駒場には、こんなにおもしろい人たちがいるのかと。いやあ、楽しかった」

羽鳥さんが東京大学教養学部で出会った人たちは、『知の技法』の執筆陣でもあったが、九〇年代、彼らの名前が世に出て、市場に著作がどんどん出回るようになる。羽鳥さんは、当然ながら彼らの本を次々と買うようになる。たちまち、『知の技法』派の著作が、本棚を埋め、はみだすようになっていった。

「小林さんはじめ、『知の技法』の執筆者の先生たちが、自分の著作を献本下さる。

しかし、私は、欲しい本、必要な本は自分で買う主義でして、もらった本は然《しか》るべき人にあげて、別にお金を出して買っていた。買うことが趣味、でもあるんですね」

現在の場所に引越しする前、住んでいるマンションが赤門前にあった。これが3LDK。本に埋まった住居だった。

「うちは家族二人なんですが、とにかく本と家具以外に何にもない部屋で、ようやく寝るところが確保されているというぐらい。だから、友人を呼ぶといっても大変なんです。本の倉庫に寝泊まりさせてもらっているようなものです」

東京大学出版会を二〇〇九年三月に定年退職後、同じ編集部の仲間と、東京大学生協書籍部で書店員をしていた現営業との三人で、文京区千駄木に羽鳥書店を作った。それに合わせて、もう少し近くに引っ越すことにした。問題は本の運搬だ。

新しい住居は同じく3LDKのマンションながら、以前より少し広めで、しかもルーフバルコニーがあった。どんどん本の詰まった段ボール箱を新居に運びこんだが、たちまち四つある部屋が埋まってしまった。

「いやあ、本というものは、本棚とその周辺に置いてあるときには、それがあたり前になって気づかないですが、いったん箱に詰めて運び出すと、大変な量になることがわかりました。段ボール箱に占拠された部屋を見て、さすがにこれはどうにかしないとと思い、よく通っていた新刊書店『往来堂』の笈入店長に『古書ほうろう』の宮地健太郎さんを紹介され、あとは宮地さんが仰った通りです」

自分の蔵書に値段をつけて売って、果たしてそれで人が集まるものだろうか、と始まる前までは不安に思っていたが、当日の熱気あふれる人出を見て、正直、羽鳥さんは驚いたという。

「出版の人間の悪いところは、すぐに『出版不況』などと言って、本が売れないことを愚痴る。しかし、『羽鳥書店まつり』をしてみて、目の前で本が飛ぶように売れる光景を見ていると、かんたんに『本が売れない』と言ってしまうのは、どこか間違っている、という気がしてきました」

そして、まつりは終わった。無事、蔵書をまとめて古本市で販売する、という破天荒な試みが成功したことを見届け、ホッとするとともに、正直言って、羽鳥さんは「胸にぽっかり穴が開いたような気がした」。そのことを、「古書ほうろう」の宮地さんの妻・ミカコさんに、うっかり漏らしてしまった。そのとき、ミカコさんに

「なんだか、羽鳥さんに、残酷なことをしているような気がしていますねえ」と言われたそうだ。

「いや、宮地夫妻には本当によくしてもらって、感謝しかないんですが、あれほど部屋を埋めていた本がなくなってしまうと、やっぱりショックでした。逆に、本があるときには気づかなかったけど、本が身近にある、本に囲まれていることの安心感ってあるんだなと、これはやってみて実感しました」

私は「わかるなあ」「わかります、わかります」と、何度もうなずきながら、蔵書に苦しむ大先輩である羽鳥さんの話を、身につまされながら聞いていた。必要以上に蔵書を溜め込むことは「苦しみ」であるとともに「喜び」でもある。ただ、そばにあるだけでいい。この気持ち、わからない人には、どんなに説明してもわからないでしょうね、羽鳥さん。

そして、羽鳥さんは以前と変わらず、また今も、せっせと新刊書店に足しげく通っては、本を買っているそうだ。そうこなくっちゃ。

ちなみに、羽鳥さんひいきの地元文京区の新刊書店は、千駄木「往来堂」、小石川「あゆみブックス」（二〇一七年三月閉店）、東大構内の生協書籍部だそうだ。

古い自宅を民家ギャラリーに

私も初日に「羽鳥書店まつり」を訪れ、その熱気を経験していた。百円、五百円、千円と、値段別に本を並べたテントが分かれていて、「争奪戦」ということばがぴったりくるような、すさまじい買う「気」同士の衝突がそこかしこで見られた。まだ底冷えのする二月の冷気を打ち払う熱気が会場を浸していた。帳場にはたちまち客が殺到し、お金を払って帰るかと思えば、後ろ髪を引かれるのか、また戦場へ戻っていく客もいた。先着で、羽鳥書店特製の金太郎飴が配られる。無料の甘酒も来場者の心と体を温めた。売る側も買う側もみな上気している。くり返しになるが、それはまさしく「まつり」であった。

蔵書の処分法として、こんなことが可能なのか。その驚きは新鮮で衝撃的なものだった。しかし、そこに至る準備やスタッフの招集を考えると、自分でやってみようとは思わなかったのである。羽鳥さんは数々の困難な状況をあっさりクリアする、あまりに恵まれた環境にいた。これは、思いついて、誰もがすぐにできることではない。

しかし、私にもチャンスがめぐってきた。

私が乗り降りする、最寄りの中央線国立駅からすぐのところに住んでいるのが十松《と》弘樹《まつひろき》さん。長らく、大手出版取次の仕事をしていたが、五十一歳でリタイアした。彼の実家はもともと駅前で銭湯を経営していたが、昭和四十年代に店を閉じた。その跡地に二世帯住宅と、古い民家を所有している。十松さんが育ったのはこの古い家。

考えてみれば、銭湯は広い敷地を擁するから、跡地に二軒、住宅を建てることも可能なわけだ。その古い民家の方は、築半世紀にもなろうという木造二階建てで、ずっと人に貸していた。駅から五分とかからないし、スーパーもすぐ近くにあってとても便利。

そして、十松さんがリタイアして、次の仕事として選んだのがギャラリー経営だった。人に貸していた木造民家をそのままギャラリーにしてしまおう、というのが十松さんの発想だ。一階に台所と風呂場のほかに三部屋、二階にも二部屋ある。相当広い。

この畳敷きの部屋に手を加えてギャラリースペースに、と考えたのだ。もちろん、畳の部屋の根太《ねだ》を補強したり、スポット照明を設置するなど、ギャラリー仕様に手は加えた。逆に、掘りごたつを切った部屋は、そのまま活用。冬はそのこたつに入りながら、談笑しつつ、展示物を眺めることができるようにした。この「掘りごたつのあるギャラリー」というのは、「売り」になるよと、十松さんに力説した覚えがある。

「岡崎武志一人古本市」！

「ギャラリービブリオ」と名づけられ、オープンは二〇一二年九月一日と決まっていたが、その前に、広く認知させるためのイベントをしたいと十松さんは考えていたようだ。何がいいだろう。その案に乗ったのが、これはチャンスと思った私だった。これこれこう、と「羽鳥書店まつり」の話をし、ギャラリースペースに蔵書を並べて、売らせてもらえないかと持ちかけたのだ。

十松さんは快諾してくれ、三連休となる七月十四日からの三日間を開催日と決めた。

とりあえず告知のために作ったチラシには「岡崎武志一人古本市」と掲げ、私が

東京・国立「ギャラリービブリオ」にて「岡崎武志　一人古本市」を敢行！

本を詰め込んだフロシキを背負ったイラストを描き、そこに「もうこれが限界！書庫からあふれ出した蔵書を、この際一部放出することにした。三日限りの一人古本市。これはすごい。皆の衆、馳《は》せ参じたまえ！」とセリフで言わせている。蔵書処分を、またとない場所を得てイベント化することの興奮のため、気合いが入っている。

さて、開催までにするべきことは山のようにあった。

売るべき本を選び出し、売値をつけること。搬入と開催中に販売その他を助けてくれる助っ人も募集しなくてはならない。告知を掲載してくれる媒体の交渉。本を運ぶときに段ボールが必要になる、その確保。細かいことでは釣り銭やレジ袋の用意。どれぐらい本は必要か。並べるのに、段ボールに突っ込んだままというのは芸がない。なにかうまい方法はないか。

いざ、やると決めてから、懸案事項があふれ出してきた。

処分する要諦は「えいやっ!」

告知等は、まずチラシを刷って、知り合いの古本屋に置いてもらい、自分が日々書いているブログで何度かくり返し宣伝することにした。ギャラリーのオーナー・十松さんは、祖父の代からの国立市民で、地元では顔も広い。その人脈を使って、ポスターを貼ったり、チラシを配布するなど、精力的に動いてくれた。

「一人古本市」と言いながら、とても一人では無理なのである。

私は告知等と並行して、処分するための本を選び出さなくてはならない。当初は、本棚と本棚のあいだの通路を、奥の壁から山と積みあげて身動きが取れなくなっている箇所の本を、とりあえず撤去することを考えた。しかし、それがすでに相当量あり、運び出してとりあえず置くための場所が必要になる。その時点では、その場所さえ、床が本の山で埋めつくされ、確保できないでいた。

薄紙をはがすように、というのは病気が快癒するときの表現だが、これだけ蔵書が溜まると、すでに「病気」。全快を早まらず、まずは「薄紙」の方から、どんどん段ボールの箱に入れて、作業するための場所を作ることを考えた。

今回、雑誌や大型本の方はまったく手がつかず、基本は単行本と文庫である。文庫は壁二面に文庫専用の本棚があり、三本のスチール本棚には、裏表から二列でぎっしり詰め込んである。その本棚の前には、床から積みあげた文庫の壁がすでに幾層にも重なっていて、後ろにある本は取れなくなっていた。これも何とかしなくてはならない。

何を残し、何を売るかについては、これといった展望はなかった。本の山を目の前に、一冊一冊、これは要る、これは要らないなどとやっていた日には、時間がいくらあっても足りない。処分の要諦は「ううん……」ではなく「えいやっ！」だから、勢いをつけて本の壁を崩していった。

最終的には、燃えたと思えば気がすむ、という心境になれるかどうか、だと思った。四十代では、まだ無理だったかもしれない。五十半ばという年齢が、この心境に至る後押しをしてくれた。もう、そう長くは生きられないんだぞ、と。

単行本では、落語を含む芸能や放送関係の本、東京・大阪の都市研究、古本を含む広く出版関係の本、苦労して蒐集した軟派随筆の新書群、ユーモア小説のコレクションなどはそのまま手つかずに残した。

あと、これは職業的もの書きとしての特殊な理由だが、その頃執筆が一段落した本『上京する文學』（新日本出版社）のテーマが、地方から上京してきた文学者、および上京する主人公の小説だったために、該当する作家の作品や、彼らについて書かれた評論、明治、大正、昭和の時代背景を知るための資料本なども、とりあえずは手放せないでいた。

一時期、かなり力を入れて集めた、山に関する本はこの際、丸まる処分することにした。とくに文庫は、岩波、中公、平凡社ライブラリーを中心に、相当まとまったコレクションになっていたが、未練はなかった。本棚一つ分がこれでごっそり空いた。どこかで思い切った荒療治をしないと、蔵書なんて、そう簡単には減らないものである。

段ボール箱の確保

選び出した本を地下から一階へ、またそこから車に乗せて運び出すことを考えると、ヒモで縛るより、段ボール箱に入れたほうがいい。また、古本市会場となるギャラリーには本棚がない。展示用に購入したという、四角い木のボックスは二十個ほど用意されていて、これを本棚に転用できるが、それでも二千五百から三千冊を並べることを考えたら、とても足りない。段ボールの箱は、うまく使えば、本を入れてそのまま売ることができる。「一箱古本市」は、基本、段ボール一箱分の本を並べて売るという発想で始まった。

さて、そうなると段ボール箱の確保だ。これまで、引越しするたびに、近所のスーパーへ何度も通い、段ボール箱を分けてもらって、溜めて溜めてという作戦を取った経験があるから、慣れていると言えば慣れている。

二度か三度に分けて、会場まで運搬するつもりだったので、すべてを収納するための数は要らない。会場へ運んで、そこで本を出して、また空になった段ボール箱を持ち帰って再び使えばいい。段ボール箱のリサイクルだ。その後、空になった箱は、そのままの形で残した方がよい。ガムテープを剥がして畳んでしまうと、強度が弱くなるのだ（そんなこと知らなくてもいいですか）。

とはいっても、一箱に入る本の量は意外にしれている。大きめのミカン箱級なら、単行本で五十冊近く入るかもしれないが、ひどく重いし、本を並べるのには適さない。少し小ぶりになると収容能力は落ち、せいぜい三十冊から四十冊のあいだぐらい。当然ながら文庫だとその数倍は入る。そう考えていくと、最低でも五十箱は用意しないと仕事にならないぞ、と覚悟した。

さあ、それからは家族で買い物へ行くたびに、レジを通った脇に、買い物した商品を入れて持ち帰るために用意された空の段ボールをもらうようにした。大きめの箱に小さめの箱をすっぽりと入れて、一度に二個確保するなど、涙ぐましい努力が続く。それでもとうてい足りない。今度は、店員に「段ボールの箱を少したくさん目にいただきたいんですが」と聞いてみるようになった。みな、意外に親切に、店舗裏のストックに案内してくれる。

私は学生時代、長くスーパーで働いていたので、商品ストックがカーゴに積み上げられた店舗裏の光景は見慣れている。ゴミに出すための段ボールは、別のカーゴにあるはずだ。まるで、従業員のように、迷わずスタスタとゴミ用の段ボールを見つけ、さっさと手際よく、脇に十から二十ほど抱え込んでは、店員に礼を言って帰っていった。

そんなこと、手際よくても、ふだんの生活ではほとんど役に立たない。しかし、スーパーでバイトしていたことが、段ボール箱確保に役立つとは思わなかった。おかげでしばらくは家中のいたるところに段ボール箱が……。

しかし、段ボール箱には、さまざまなサイズがある。青果で使われる底の浅いタイプはダメだし、レタスや薬物を入れる箱は大きすぎて、しかもちょっと柔《やわ》だ。いい大人が、夜のスーパーで段ボールを両脇に抱えて右往左往する姿は滑稽だが、本の処分とは多かれ少なかれ滑稽を避けられない行為だと早いうちに気づくべきだ。

五百円以下の本をどれだけ増やせるか

そうして作業をすすめ、とりあえず四十箱分ほど、運び込むための準備はできた。会場までの運搬はどうするか。最初は、レンタカーでも借りて、助っ人を募集して、一日がかりで数回往復すればいいと考えた。

十松さんに相談したら、うちの車を使ってくれていい、という。後部座席を倒せば、かなり広いスペースとなる大型のセダンを所有していて、本を運ぶのにはうってつけの車だ。ありがたく使わせてもらうことにした。

こうして一度目は、一人で家から会場まで本を運び込むことにした。駐車場に入れて、どんどん本の入った箱を会場となる畳の部屋へ運び出す。すべて運び入れた時点で、箱を開けて本を外へ出す。空になった箱は、また本の運搬に使うから、前述のごとく底に貼ったガムテープは剝がさない。

さらにもう一度、家から会場へと同じように本を運び入れた。初日に運んだのが、四十箱分はあったろうか。季節は真夏だったが、「ビブリオ」にはクーラーがあったからありがたい。なにしろ、それからは畳の部屋に籠って、黙々と値付け作業が待っているのだ。

これまでにも、三鷹「上々堂《しゃんしゃんどう》」の貸し棚、「一箱古本市」などで本を売ってきたから、値付け作業そのものには慣れている。しかし、それらはせいぜい五十冊どまり。今回は、最終的に三千冊近くになる。一冊に十秒かけるとして、ぶっとおしでやっても八時間から九時間はかかる計算だ。人間の集中力はそんなに保《も》たない。これは大変だぞ、とやっと気づいた。

それでもその日の夕方までに、なんとか五百冊近くの値付けを一人で済ませた。後日、再び訪れて値付け。一冊一冊を見て、瞬時に値段を書き込み、本の一番後ろのページに挟んでいく。もちろん、ものによるが、基本は五百円以下。百円から三百円という価格帯をなるべく多くする。これが各種古本市に出入りした者としての経験則から割り出した、よく売れる値付けだ。

定価の半額をつけて売れる本というのは、非常に特殊な哲学・思想、歴史、美術などの専門書など。しかも帯付きで状態がいいものに限られる。先行して成功させた「羽鳥書店まつり」という一人古本市には、これら三ツ星の本が大量に投入されていた。私はもともとそんな本はあまり架蔵していない。ほとんどが文芸書および雑書の類である。

あるいは、半額以上に上乗せできるのは、いま古本屋で非常に人気のある作家たち。後藤明生、田中小実昌、小沼丹、小島信夫、野呂邦暢《のろくにのぶ》、洲之内徹《すのうちとおる》、山田稔などなど。これも気合いを入れた処分ですでに相当数を減らしている。

文庫化された単行本というのも極端に値が下がる。文庫より、元の単行本の方が安くなるというのが、ここ二十年くらいの傾向だ。そうなると、どうしても五百円以下の本をどれだけ増やせるかが、短期決戦の勝負どころとなる。自分ならこの値がついていたら客として買う、というのが最終判断として有効だった。

逡巡《しゅんじゅん》や後悔や未練、少しでも儲けたいというスケベ心は禁物で、とにかくさっさと値付けを済ませないと、まだまだやることは山のようにあるのだ。おまけに運び入れる本の量はまだ半分。前途は多難である。

五～七％は減ったかもしれない

このあと日を置いて、今度は知り合いの助っ人六人を引き連れて、また同じほどの量の本を運び入れた。冊数をカウントしていなかったが、最終的にはおそらく二千五百から三千冊はあったと思われる。

今回、この酔狂な試みに、どれだけの人がボランティアで手を貸してくれるか、まったく読めなかった。ブログ等で募集したものの、初動ではあまり反応がなく、自分の人望について疑いさえもった。そんななか、仲良くしているライターのHさんが、「岡崎さん、ぼくやりますよ。なんでも言ってください」とメールしてきてくれたのが、非常にうれしかったし、以後の支えとなった。

結論から言えば、古本市開催の三が日を含め、連日、人手は余るほど足りて、本当にみんながよく働いてくれた。「一人古本市」をやってよかったと思えた最大の成果が、この「人」だった。古本市に来てくれた知り合いの編集者が、首からスタッフ用のタグをぶらさげた面々を見て、「どうしてこんなに助っ人がたくさんいるのですか?」と聞いてきたくらいだった。とにかく、ありがたいことだった。

第二弾の運び込みには、不動産業を営むAさんが営業用の自家用車に乗ってきてくれた。こちらにもトランク等に多少の本は積めそう。すでに、運ぶための本は段ボール箱に詰め込み、一階のガレージ近くの床に集めてあった。あとは運び出すだけだが、せっかく来てもらったのだからと、先に到着した数名には、魔窟《まくつ》と化した地下の書庫を見てもらった。

人が通れるスペースを残して壁面に積みあがった階段を下りるところから、「ひゃあ」「これはちょっと」「うわあ」と歓声が上がる。その歓声は、蔵書の苦しみと格闘した現場である地下書庫に着いたときにひときわ大きくなった。

いち早く助っ人の名乗りを上げてくれたHさんは、我が家に過去、二度来てくれたことがある。うちの蔵書事情もその増減の変遷もよくわかっている人物だ。ひさしぶりに地下の乱雑をきわめた書庫を見てもらったが、「ぜんぜん減ってないじゃないですか」と、嘆いていた。あとで、今回持ち出した本は、「せいぜい全体の三

％程度」と彼は踏んでいたが、まさか、そんなことはないだろう。なにしろ二千五百から三千冊は減らしたのだ。

しかし、それで全体の一割減ったと主張するのも、ちょっとうぬぼれが過ぎるかもしれない。五％から七％のあいだぐらいか。となると、いつも「どれぐらい本をお持ちですか」と無謀な質問を受けるとき、とりあえず答えとして用意していた「ざっと二万冊」は、どうも危ない。三千冊減らして一割減った気がしないなら、実際にはもっとありそうに思えてきた。

古本好きにとっての目玉を大量投入

気の置けない助っ人の手を借りて、第二弾の運び込みはあっさりと終わり、またもや値付けの苦しみが待っていた。今回は値付けも助っ人の手を借りた。誤植があって無駄となった、「一人古本市」チラシを切って作った短冊を大量に用意。助っ人のうち五人を目の前に座らせ、端から順に「きみは百円」「次が二百円」と五百円まで担当を決めた。それでどうするかと言うと、本の山から一冊取り出しては、私が瞬時に五種類の値段を判断し、「百円」「二百円」と、担当の人物の前にそれを放り投げた。彼らは短冊にその場で値段を書き込み、本に挟み込んだ。五百円以下にはとても落とせないという本については、あとで自分でつけるため、脇へはじいた。

一冊にかけた時間はほんの数秒。かぎりなく一秒に近い。この方式で、どんどん山を減らしていった。

これは単行本の話。古本好きにとって目玉となる「ちくま文庫」「講談社文芸・学術文庫」「中公文庫」も、今回の「一人古本市」では、思い切って大量投下した。「ちくま」についてはすでに値付けが終わっていた。残る「講談社文芸・学術」「中公」の山については、助っ人のなかから、早稲田大学文学部五年生のFくんを指名。彼に「修業」の名のもと、値付けをまかせた。

というのも、このFくん。私が常時出店している雑司が谷商店街での一箱古本市「みちくさ市」に、客としてやってきて言葉を交わすようになったのだが、将来は古本屋（それも店売り）を目ざしているというのだ。古本にはまったのはここ数年のことらしいが、すでに我々と普通に古本の話ができるレベルに達していた。恐るべき二十代であった。

「講談社文芸・学術」と「中公」は品切れが多く、その品切れ本にもランクがあって、古書価はまちまち。とても定価の半額とか、三分の一というつけ方はできない種類の文庫なのだ。どれだけ、本のことを知っているかが試される文庫だとも言えて、「修業」中の身にまかせるにはぴったりの商品だ。

最後の方は手伝ったが、うんうんうなりながら、一人離れた場所で彼は値付けをしていた。私はあとでそれをチェックする、というようなこともしなかった。まかせることが「信頼」だと思ったからだ（Fくんはその後、大学を中退し、古本屋開業を目ざして都内某古書店で店員をしている）。

助っ人は蔵書のプロたち

「ビブリオ」は、基本的に畳の部屋にパーテーションを置いて、そこに絵を陳列するかたちのギャラリーだった。だから本棚はない。そのかわり、絵以外の造型や雑貨などを陳列するため、ブロックの木箱二十数個が物置きに収納してあった。

これを畳の部屋に運び込んで、上下をジョイントでつなぎ、三段の本棚とした。これは絵本なども入るサイズで、文庫には使いづらい。そこで、自宅から四段の文庫用本棚を二本運び込んだ。それでも本を並べるのには、まったく足りない。このとき役立ったのが、運搬用に大量に確保した、二リットルペットボトル六本用段ボールだった。再びこの上部開閉部をガムテープで封印。その胴の真中あたりを切断し、二つの箱を作った。これを畳の上に置けば文庫、新書サイズがうまく収まる本箱となる。

また、ブロックの木箱を並べた三段の本棚の上に並べれば、雑誌サイズまで収納可能な本箱に変身するのだ。これは重宝した。ペットボトル用以外の段ボール箱で同じようなものを作ったが、強度に難があり、翌日見たら、崩れ落ちていた。

ブロック木箱の組み立てと設置、ペットボトル箱の切断と配列、商品としての本の陳列も、すべて助っ人たちにまかせた。ここで非常に重要なのは、彼らが、単なる友人ではないこと。日ごろ古本屋へよく通い、自分でも相当量の蔵書を持ち、一箱古本市に出店している者がいたりで、つまり本の扱いによくよく手慣れた者たちであることだ。

たとえば、これを学生アルバイトを募集して同人数集めたとしよう。古本屋へ通ったり、部屋に蔵書を溜め込んだり、一箱古本市で古本を売った経験のある者がそこに混じっている可能性は非常に低い。本の扱いに慣れていない者である可能性が高い。すると、おそらくだが、一挙手一投足、いちいち「これはああして」「これはこういうものだから、ここではなく別にして」など、私が指導し指示を出さなければならない。

そんなことに神経を使うぐらいなら、最初っから自分一人でやった方が早い。その点では、ここに集った助っ人たちは、惚《ほ》れ惚《ぼ》れするぐらい頼もしい。銘々が勝手に判断し、もくもくと作業を続けて、非常に短時間で、設置が終わった。

昼過ぎから始めて、運搬、値付け、本棚の設置、陳列が終わったのが午後五時くらい。私は、正直言って、作業の質量からして夜の九時、十時までかかることを覚悟していたので、その早さは拍子抜けしたほどだった。

この日の助っ人は、人数は六人だが、私の目には「七人の侍」に見えた。

有能なスタッフ確保が必需

そして七月十四・十五・十六日の三連休、「一人古本市」が始まった。時間は午後一時から六時までの五時間。もちろん私は現場につきっきりの長丁場だ。本当にお客さんが来てくれるかどうか、開始時間まで心配されたが、三日ともほとんど途切れることなく、会場にお客さんがいた。この一点で、まずは大成功だったと思う。

玄関脇にある台所を帳場として、古本市会場からは、ここを通って精算して出ていってもらう、という流れにした。帳場に据えた大机には基本、三人が常駐。本を受け取り短冊を取る係、それを計算して、合計金額を用紙に書き込む係、合計金額を精算するレジ係と分担を決めた。このレジシステムの流れを作ってくれたのが、「シトロンブックス」の溝口いづみさんだった。

当日、ボランティアスタッフとして参加してくれた溝口さんは、私とは初対面。「シトロンブックス」という雑貨と絵本のウェブショップを主宰し、ときどきイベント等で出張して対面販売もしている。ギャラリーのオーナー・十松さんとは知り合いであることから、手伝ってくださることになった。なかなかできることではない、と今にして思う。

溝口さんは、かつて国立にあった絵本専門店「ペンギンハウス」の店員だったのだ。なにかと国立とは縁が深い人で物販にも慣れている。これは頼もしい助っ人であった。

二日目は、雑司が谷で古本と雑貨を商う「旅猫雑貨店」店主の金子佳代子さん、三日目は、もと書店員でいまは池袋で古本屋「ますく堂」を開いている増田啓子さんなど、連日、物販に慣れた女性が帳場にいたことも心強かった。八月には同じ場所を使っての一箱古本市「くにたちコショコショ市」を開催予定の主宰者で、国立で余暇を使った古本屋を女性二人で経営する「ゆず虎嘯《こしょう》」(現在は閉店)も、初日と二日目に分けて、登板してくれた。

こうした個人による「古本市」を開催する場合、もちろん場所、そして売るべき「本」が必要なのは言うまでもないが、運営するための有能なスタッフをどれだけ確保できるかが、重要だとつくづく思い知らされた。「羽鳥書店まつり」は、「古書ほうろう」をはじめ、「一箱古本市」のスタッフ、古本屋を中心とした「わめぞ」グループなどが手を貸したからこそ、やれたイベントであった。

私の場合は、古本ライターと名乗り、古本屋さんとのつきあいがあり、各種講座などで古本について喋り、さまざまな「一箱古本市」に出店するなど、日ごろから「古本」をめぐる活動をしてきたことが、人脈づくりにつながったのである。

いきなり、違うところから出てきて、一人で古本市を開きますと宣言しても、なかなか難しいかもしれない。

自宅古本市のすすめ

そこで、蔵書の処分を考えている一般の方々への提案。羽鳥書店さんや私のように、どこか場所を借りて「一人古本市」を開催しようと思っても、適当な場所がなかったり、助っ人が集まらなかったりで、なかなか実施にこぎつけるのは難しいと思われる。

そこで、いっそ自宅を使って「一人古本市」をしてしまったらどうだろう？　期日は一日限り。日曜日がいいだろう。自宅のリビング、あるいは一軒家だったら、春や秋の晴れ間に玄関先から庭を使って、あるいはガレージを古本市会場にすればいい。友人やそのまた友人、あるいはご近所に声をかけて、集ってもらい、本を買ってもらうのだ。

まずは、処分しようと思っている本を本棚から抜き出し、一カ所に集める。奥さん、あるいは旦那さん、そして子どもたちにも協力してもらって、この際、読まなくなった本を提供してもらう。雑誌でもマンガ、絵本でもいい。フリマ感覚で、衣類や玩具などを加えてもいいだろう。本の量が思ったほど集まらなかったら、同様の〝悩み〟を持つ友人知人に声をかけて、合同で開催してもいい。

これに値段をつけていく。あとで集計するために、紙を切って短冊にした値段票を挟み込む方式をおすすめする。値段の数字はわかりやすく、大きく、はっきりと書くこと。抜き出しやすくするため、本の最終ページにただ挟んでおくだけでいい。複数の家庭が合同でする場合は、値段票に必ず名前か記号をつけて、誰の出品かをわかるようにしておいてください。

当然のことながら、カバーの汚れ、天に溜まった埃などはきれいにしておく。汚れ落としは、消しゴムを使ったり、中性洗剤を薄めてぼろ布で拭くといい。古本屋で買った本は、鉛筆書きの値段を消し、新古書店などの値段のシールも剝がしておく。少しでも気持ちよく買ってもらうための準備だ。

値段のつけ方が、うまく売るためのポイント。出たばかりの新刊が中心なら、あるいは古本屋さんに処分した方が高く売れるかも知れない。しかし、読み捨てたような、ちょっと古くなった単行本、文庫本なら、思い切って安くつけることだ。五十円、百円、百五十円、二百円といった価格帯に売値を集中させる。思い切って、オール百円なんてやりかたもおもしろい。

ブックオフに本を処分した経験から言えば、買い取り価格は、まだ書店に並んだばかりの新刊文庫でも、だいたい一冊が五十円。単行本はまちまちだが、百円以上で買ってもらえる本は珍しい。古いマンガは引き取ってもらえず、雑誌は五円というケースが多い。

それぐらいなら、安くして、知り合いに買ってもらったほうがいい。そう思いませんか？

終わったら、打ち上げだ

さあ、やると決めたら事前に準備が必要だ。

ふだん使っている本棚の中身をいったんすべて空けて、これを販売用の本棚とする。あるいは、雑誌や絵本などは段ボールの箱に入れてもいい。ワインを入れる木箱があれば、同じ本でも、買う側からすると、少しものがよく見える。

釣り銭の用意と、スーパーのレジ袋などをふだんから溜めておくことも大切。持ち手のついた紙袋なども重宝します。

それから、告知のチラシを用意する。もちろん、知り合いにはメールを送る。それ以外にも、ハガキ大くらいの紙に、自宅の場所と開催日時と、どんな本が並ぶかをいくつか売値とともに例として書いて、コピー刷りにすればいい。「なるべく小銭とトートバッグなど袋を用意してください」と注意書きするのも効果がある。

知らない人が来るとイヤだという人なら、予約制にして、来てもらえる人の素性を確認しておけば安心だ。ガレージセールにするなら、ご近所で、挨拶をしたことがない人でも、まあだいじょうぶではないか。

各種の「一箱古本市」などにも出店したことがある経験から言えば、おそらく、売る側と買う側に、本を挟んでさまざまな会話が生まれるはずだ。

「これ、昔、持ってたなあ」

「いやあ、この本、買おうと思ってたんですよ。得しちゃったな」

「この作家には、◯◯という作品があって、そっちもいいんですよね」

たとえば、会社の同僚で、ふだん本の話をしたことがなかったが、この「一人古本市」を開いたおかげで、意外な本好きだったことがわかったりする。本を売ってお金にする、という実利的なこと以上に、本をめぐって交わされる話が楽しいのだ。

「蔵書の苦しみ」が「楽しみ」に変わる時間だ。

時間はあんまりだらだら長くすると、売る側も疲れる。午後一時から五時ぐらいが適当ではないか。売れ残ったのは、最後、半額とか、全品十円にして、とにかく数を減らして、それでも残ったものについては古本屋へ持ち込めばいい。

終わったら、その場でパーティを開きましょう。つまり、打ち上げだ。

ここからは、開催者のみなさんにご相談だが、その日売り上げた収益は、全部（あるいは一部）を、このパーティの飲み食い代に提供してしまうというのはどうでしょう。出品する本の質や量、来てもらえたお客さんの数などで、売上げは違うが、二万円以下ぐらいだったら、もうパーッと使ってしまったほうがいい気がする。来てくれた人に楽しんでもらえればそれでいい。

そのことをサプライズにして、残ってくれた人に「今日の売上げは、これから開く打ち上げ代に進呈します」と宣言すれば、盛り上がること請け合い。買う方も積極的になるし、あなたの株も上がりますよ。

古本屋の売上げが落ちた？

「岡崎武志一人古本市」に話を戻そう。

初日は開店時間前から、入口付近で数名の古本猛者らしき人物の姿が見え始め、「では今から開始します」の声をかけると、たちまち会場には、あの古本市、あの古本屋で見かけたような方々が、一斉に飛び込んで来て物色を始めた。この意欲、この元気。見習わなくてはならない。各種古本市に一番で駆けつけ、大量に買っていかれる、この業界では有名な男性も大量に買い上げてくださった。

開始一時間もする頃から、レジは混み出した。かといって、そのため混乱するということもなく、まるで順番を調整したかのように、スムーズに精算作業は進んでいった。

なかには、買わずに出ていくというお客さんもいたが、数は少なかった。そんなお客さんにも、帳場に座った助っ人さんたちが、「ありがとうございました」と声をかけていたのも印象的だった。やはり、買わずに出るというのは、どこか後ろめたいもの。その心理的負担を和らげる意味で、この声掛けはいい。

知り合いの顔も大勢見たが、それと同じ数、いやもっと多いぐらい、これまで面

四六判の棚。最終日までにほとんどさばけた

識のない一般のお客さんもいた。オープン前で、まだそれほど知られているはずのない民家ギャラリーで、素人が開いた古本市を、どこでどう知って来てくださったのか。地元新聞や、三大新聞の一部地方版に、開催の旨が告知されたようだが、ブログやツイッター、口コミによる広がりも集客につながった。これは、人知れず告知してくれた協力者に感謝だ。

とにかく本はよく売れた。用意した二千五百から三千冊のうち、半分以上は人の手に渡っていったのではないだろうか。拙著『雑談王』（晶文社）、「赤旗」連載「上京する文學」で使った、直筆のイラストカットも展示販売。国立の「増田書店」の協力で、私の著作を五種類ほど、並べて新刊として売った。近所で古本を売るイベントに、地元の新刊書店が手を貸す……これは異例のことのようだが、「羽鳥書店まつり」と「往来堂書店」という先例があった。

この日並んだ本はすべて、私の身体を通ったものたちだ。それがこうして人前に並べられて、お金と引き換えに人の手に渡っていく。そんな光景を、ちょっと不思議な思いで見ていた。

あとで人に聞いたら、中央線の某古書店が、「オカザキさんの『一人古本市』のせいで、連休三日間、売上げが落ちた」とツイッターで書いていたというが、まさかそれほどでもないだろう。

売れ残った本は、また家に持ち帰ると「蔵書の苦しみ」の軽減にならない。会期が終わったあと、すべて本棚から出し、値札を取り去って畳の上に積みあげた。後日、知り合いの古本屋さんに来てもらって、そっくりそのまま処分した。一度、家から出た本は、そのままもとへは戻らなかったのである。

高校の同級生との再会

民家ギャラリー「ビブリオ」は、オーナーの十松さん一家が、その昔、暮らしていた住居で、その後、隣接する土地に二世帯住宅を新築し、そちらへ移っていった。使われなくなった旧家屋は、他人に貸していたのだ。部屋数は一階と二階あわせて、大小で六つはあり、ギャラリースペース以外の部屋も使用可能というのが使い勝手がいい。一階奥の間が休憩室として使われ、飲みものや差し入れのお菓子などがテーブルに並べられ、帳場の手が足りているときは、私もこちらでけっこう休んでいた。

畳の部屋で、座椅子にもたれて、お茶など飲んでくつろいでいると、どこかの旅館にでも来たみたい。それは異口同音に、この部屋を使った人たちがもらす感想だった。ひととき、お客さんの視線から逃れて、神経を休ませるスペースがあるのは有難かった。夜は、ここが打ち上げの宴会会場となったのだ。

　一方、帳場からは、古本市会場がよく見える。

お客さんたちは、みな、寝そべらんばかりの低い姿勢で、どっしり尻を落とし、古本と対峙《たいじ》されていた。なかには一時間も滞留された方も……。子どもを連れたお父さん、お母さんもいて、ふだんの古本市なら、足手まといになるところだが、適当にほったらかしにしておけるのも、畳の部屋のいいところ。おおむね、冊数にしては一人当たりの滞在時間が長かった。これも「畳」のおかげだろう。

この「畳」の力が、「ギャラリービブリオ」の大きな特色となっていくはずだ。

来てくれたお客さんのなかで、一つサプライズがあった。私の高校三年の同級生が、ひょっこり顔を出してくれたのだ。名前を告げられたとき、お互い、三十八年もの時間が流れていたのだが、たちまち高校時代の顔、名前が蘇《よみがえ》り、「おお、N！」と叫んでいた。聞くと、横浜の会社へ出向中で、今回の「一人古本市」のことを知ってくれたのだという。

高校卒業以来、会うこともなく、年賀状のやりとりをする仲でもなかったから、それだけ再会の衝撃は大きかった。

「一人古本市」がもたらした、意外な副産物だった。

【教訓　その十四】

蔵書を一気に処分するには、自宅での「一人古本市」がお勧め。うまく売るためのポイントは値段のつけ方にあり。

第十五話　『蔵書の苦しみ』その後

四年後の現状

新書版の『蔵書の苦しみ』（二〇一三年七月二十日刊）が出てから、四年がたった。その後、韓国語版が刊行されるなど、うれしい反響もあった。それにしても四年か。四年前に何があったか、即座には思い出せないが、何だか遠い日のような気がする。

以後の蔵書環境はさらに悪化をたどり、もうどうにもこうにも、手がつけられない状態になっている。置けるところには置き、積めるところには積み、それで空間を濫費《らんぴ》しつくして、壁際のベッドの上にまで、本が侵蝕している。汚染されていない聖域だった一階リビングも、いまや本棚三本と、そこに入り切らない本が取り囲む惨状を呈し、長らく家に知人友人を呼べなくなっている（恥ずかしいから止めて、と妻に厳命されているのだ）。いまやわが家に、本が視界に入らないような、爽やかなくつろぎの場所はない。

ひと頃、盛んに参加していた「一箱古本市」系の古本フリマも、この四年間で足を洗ってしまった。私より高齢の方が、がんばって出店されていることを考えると、失礼な話だが、疲れてしまったのである。売るための本を選別し、クリーニングし、値札をつける。それを手頃な段ボール箱に詰め、宅配便で会場に送る（宅配を受け付けない会場もあり、その時は当日、カートなどで運ばなくてはならない）。

当日、釣り銭その他を用意し、朝早く電車に乗って移動し、それからほぼ半日、会場に座って本を売り続ける。しかし、「一箱古本市」という形態が広まり、あちこちで開かれるようになって、最初の頃より、本が売れなくなった。売れたより、売れ残りの方が多いケースが増えると徒労感が増す。売れ残りが、送ってもらうほどの量でなければ、それをまた持って帰らなければならない。不思議なことに、本そのものの質的変化はない（多少日に焼けるかも）のに、花が枯れるように魅力が失せたような気がする。どこかへ置き去りにしたい誘惑にかられるのである。

それやこれやで、すっかり疲れてしまった。するとどういうことが起こるか。

それまで、一箱古本市で売るため、という理由で、どんどん古本を買っていた。売れるのはせいぜい一日出店して、三十冊から四十冊（最後の方は三十冊以下になっていたが）。しかしそのために仕入れとして買うのは百冊、二百冊になるのだ。「あ、これも行ける。これも売れそうだな」と、頭で独り言を言いながら、古本屋の棚からバカスカ抜いていく。

二〇一七年八月現在の蔵書環境

仕入れた本がすべて売れるわけではなく、どうしても余剰が必要だ。そのことを、体のいい「言い訳」にして、バカみたいに買い込むことになっていた。そのため、家に「読むため」でもない本がどんどん増えていく。そして、それはたいてい、すでに自分で所持している本なのだ。これが蔵書環境悪化の大きな原因の一つとなった。

古本市や古書会館での即売会、ブックオフ系リサイクルブックストアにひんぱんに出入りし、軽く十冊以上を買い込む。それが常態となっていた。自分がその時、自分のためにどうしても欲しい本というのではなく、いずれ転売するために同じ本を何冊も買うというのは、健全な読書環境から考えれば、やはり邪道である。

百円で買った本を「これは五百円つけられるかなあ、三百円だと利が薄過ぎるもんなあ、八百円だとちょっと無理か」などと、邪悪な考えがいつも頭を渦巻いている。そのことにも飽いてしまった。

だから、四年前に比べたら、買っている冊数は減っているはずなのだ。しかるに、繰り返しになるが、あちこちに積み上げられ、通路を塞《ふさ》ぎ、上るにも容易ではない階段の占拠が進み、四年前に『蔵書の苦しみ』とタイトルをつけた時は、やや自嘲気味のユーモア混じりのつもりだったが、今やユーモアは消えている。四年前「苦しみ（笑）」という感じが、いまや（笑）が消えてしまった。

また古本屋さんに大量処分すればいいじゃないかと、状況がわからぬ人は、こともなげに言うだろうが、ことは簡単ではない。売る本、売らぬ本と要不要を選別していくには、その作業をするための、それなりのスペースが必要だ。ところが、二十一畳分の空間のどこを探しても、そんな素敵な場所はない。どこかにしゃがんだら、もうそのまま動けなくなる。半畳ほどのスペースもない。しゃがんだまま、方向転換もままならぬ。それどころか、本棚と本棚の間に本が奥から積み上げられ、足を踏み入れることもできない箇所も多くある。本をたくさん持っていることの惚気《のろけ》と取ってもらっては困る。本当に大変なのだ。

くつろげるのは二畳分

本密度が濃く、部屋を移動するにも、いくつか本の山を乗りこえねばならない。そんな過酷な蔵書環境で、唯一、身体を動かせるのが、ベッドの上とパソコンを設置した机回りだけである。せいぜい二畳分、ぐらいであろうか。

そうなると、もう三畳間ぐらいの一室があれば、それでよいのではという思いがもたげてくる。方丈記の三畳間の有効性については、すでに書いたが、変な話、だんだん極小の空間に憧れるようになってきた。それほど、いまや蔵書に圧迫される生活が長引いている。

有名な話だが、内田百閒《ひやっけん》は、一九四五年五月二十六日の東京山の手大空襲で焼け出されて、住居を失い、三畳ひと間しかない家に丸三年間も住んでいた。知人の邸宅の隅に建てられた家というより掘建て小屋で、これが三畳しかなかった。炊事場も風呂も便所もない。しかも、物を置く棚が壁にあったので、実質使えるのは二畳分。

黒澤明監督が映画化した「まあだだよ」は、百閒とその友人たちの交遊を描いた作品で、この三畳の小屋が再現されている。子はなく、夫婦二人とは言え、残された写真を見ると、火鉢のそばで正座する百閒がいて、もうそれで部屋はいっぱいいっぱい。まるで、開け放たれた牢獄みたいだ。

しかし、不便をかこちながら、それをときに楽しみながら三年も暮らしたのである。

ここに本棚はあったろうか。あっても一つ。そこに、本当に必要な本だけ並べる。せいぜい百冊以内。年を取れば、もうそれで充分、という気がしてくる。

人気コラムニストの中野翠《みどり》が、書評を集めた文庫オリジナル『アメーバのように。私の本棚』（ちくま文庫）を出したのが二〇一〇年。巻頭に「私の本棚」という「まえがき」的書き下ろし文章があって、蔵書との付き合いについて語られている。

まず中野は「あの頃は幸せだった、とつくづく思う」と書き出す。何が幸せだったか？

三十歳近くまで親の元にいて、ついに独立。赤坂の古い民家の風呂なし六畳ひと間を借りて一人暮らしを始めた。荷物は小さなトラック一台分、その中に本棚が二つあった。

フリーの雑誌ライターとして仕事をしていた中野の本棚には「好きな本しかなかった」という。ここが重要で、試験勉強なら線を引くところ。つまり「仕事にはほとんど関係のない本ばかりだった」。仕事に必要な本や資料は、編集部が用意したり、出版社の資料室を使ってまかなっていた。だから、本棚にはお気に入りの本だけを並べた。これが「幸せだった」という根拠だ。

そこに選ばれたのは、森茉莉《まり》、尾崎翠、澁澤龍彦、野坂昭如《あきゆき》、夢野久作といった作家たち。それにポケミス。装丁のいろどりを考えて配置し、手前には好きな小物（写真立て、人形、置物）を並べた。以下、その喜びが表現された箇所を。

「私はこれらの本をたいせつに思っているんだ、私の心のまんなかあたりはこういう本で成り立っているんだ――ということを目に見えるようにハッキリとさせておきたくて。つまり、一種の祭壇ですね。本棚は、ささやかながら私の好きなものだけで固めた空間だった。六畳ひと間でも、何しろ森茉莉や澁澤龍彦が並んでいるんだから、そこだけは優雅なもんだ、ゴージャスなもんだ」

この気持ち、じつにじつによくわかるのだ。二つか三つぐらいの本棚が、あまり物のない部屋の中心にある。「祭壇」と中野は言ったが、「宮殿」と言ってもいい。そこに自分の好きなものがすべて集まっている。

その後、中野は売れっ子の書き手となり、都心の2DKのマンションに住む。一室は書庫及び物置きで、本や衣類やDVD、資料がびっしり。もう一室は寝室だが、こちらにも本棚が二つあり、本の行き場がすでにない。仕事はリビングのはしっこでしているという。とても他人事とは思えない。この仕事机の脇と背後にも本棚。あちゃあ……。中野はパソコンを使わないため、資料的な本などは身近に置かなければならない。

好きな少数の作家の本だけを集中させて、「祭壇」と呼ぶ本棚に祭り上げていた若き日のことを、懐かしむのはそのためである。

「十代の頃から『明窓浄机』という言葉に憧れている私としては、ああ、まったくもって不本意なことである」と思わず愚痴が出てくるのも、私と同じ。

紀田順一郎の身を切る英断

まったく、いまさら何を言ってるんだと、自分に問いながら、バカバカしい闘いをそろそろ止めにしたいと思ったのも、二〇一七年三月二十八日で「還暦」を迎えたからである。普通ならリタイアの年齢である。一度、人生をリセットさせて、多くはない残る時間をいかに生きるかを考え直さなければならない。そう、本気で考えている。つまり、蔵書の大量処分である。

蔵書はすべて血となり肉となり、血管を血が順調に流れてこそ、初めて生きるのである。特に私のようなもの書きにとってはそうだ。繰り返しになるが、今や蔵書で可視化されているのは全体の三割に満たない。常時、ちゃんと手足となって使えている本が、全体から見てあまりに少な過ぎる。あとは土の中に埋められたように見えないし、触れられない。掘り出すしかない。

そんな徒労のバカバカしい明け暮れに、もう、いいんじゃないか、このあたりで……眠る前に一度は頭にそう浮かぶようになった。

そこに大きく加担したのが、紀田順一郎先生の『蔵書一代』（松籟社）という著書の刊行であった。一度だけ、紀田先生と書いて、あとは敬称略とさせてもらうが、私は何度か面識がある。古本および古本屋について文章を書くことにおいての大先輩であり、評論、創作と射程の幅広さ、知識の深さは、まさに「知」の巨人と呼ぶにふさわしい人物だ。

当然ながら蔵書の量は膨大で、そのために横浜市の自宅と別に、岡山県の山間部へ広い土地（約五百平方メートル）を求め、専用の書斎兼書庫を建てられたと聞いていた。数万冊を思う存分、好きなように並べて管理された理想の書庫で、このまま幸福な蔵書人生を全うされるのだと思いこんでいた。

ところが『蔵書一代』を読むと、岡山の理想的書庫を引き払い、六百冊のみ手元へ残し、全ての蔵書約三万冊を処分されたというのだ。そのため、引き受けた古書業者は、「自家用車のほかに四トントラック二台、それに運び出しのアルバイトを二日間で延べ八人」手配したという。恐るべき労力である。

詳しく紹介すると、本書に触れ、驚き楽しむ喜びを奪うことになる。「蔵書の苦しみ」を多少でも感じている関係者各位には、必読と申し送りをしておいて、「蔵書」についての興味深い年季の入った考察と提言に少し触れておきたい。

さまざまな学者や著述業の蔵書についても触れてあるが、ここは紀田本人の話に絞りたい。処分するにあたり、全蔵書をチェックしたというが、「もてあました」ものとして、以下のものが挙げられている。「十代から二十代にかけて愛読した文学全集や美術全集をはじめ、歌謡曲の楽譜、二千種もあろうかという内容見本、資料のコピー、往復書簡、日記などである」。これらは執筆生活を支えてきた、自分にとっては貴重なものであるが、古書市場に出た時、商品価値があまりないものである。「内容見本」はものによっては値がつく。文学全集などを出版社が出す際に作るパンフレット（無料）のことで、巻立ての内容解説や著名人による推薦文も掲載されており、資料的価値は高い。なお、著者には『内容見本にみる出版昭和史』（本の雑誌社）という研究書がある。

処分にあたって、まず手をつけたのが辞典（事典）類。「私の仕事の生命線であった」ものから、まず箱に詰めていった。著者は「血祭りにあげた」と表現している。いかに痛みを伴ったかがわかる。そうして、痛いところから手放し、「最後まで迷った」というのが、一千冊に近い洋書であった。著者は幻想怪奇ジャンルの第一人者でもあるが、その「こだわりのテーマ」が、処分する際にネックとなった。「日本では洋書の需要先が学校回りに限定され、公共図書館や文学館は頭から引き取らないし、一般読者向けのマーケットもきわめて小さい」からだ。

図書館や文学館など公共施設への一括寄贈も、厳しい現状が報告されている。高名な文芸評論家が亡くなって、夫人が寄贈先を探したが、いい返事が得られず、東南アジアの図書館にあたってもらったというのはその一例。「海外に活路を求めなければならないほど、日本国内の蔵書機関が機能しなくなっている」と著者は言う。ましてや、一般の本好きという程度の蔵書家が、たとえ数千冊でも図書館に寄贈してあげれば喜ばれるのじゃないか、と考えるのが、いかに甘いかわかるだろう。

紀田は二〇一七年に八十二歳となり、横浜の自宅も引き払い、シニア向けの二部屋だけの手狭なマンションを終の住処とすることを決意した。約三万冊の蔵書の処分は不可欠であったが、「蔵書を一挙にゼロにすると、精神状態に自信が持てない」。根っからの本好きで、本を蒐集することで、長きにわたる文筆業を構築してきた著者としては当然だろう。そこで六百冊だけ、新居に連れて行くことにした。身を切られる思いであったろう。

その六百冊でさえ、妻から「床が抜けたら、マンションの資産価値が下がりますよ」と猛反対を受けたという。そこを「構造式や重量計算式などを並べ、かろうじて説得に成功した」と涙ぐましい努力で切り抜けた。これほど、蔵書を残すことは大変なのか、と二十年後の我が身を憂えざるをえない。

さて、その三万分の六百冊。執筆中の関係資料を優先させ、残りを「仕事用と趣味用」に大別して選んだ。といっても、何もかもすっぱりと割り切れるわけではない。「たとえば『江戸名所図会』や荷風の『日和下駄』については、もう精読する機会もないとは思うが、これらが並んでいない書棚など想像することもできない」と、著者は振り絞るように書いている。本書のなかで、もっとも胸に迫った一節である。

本とともに生きてきた人にとって、本は読書のためのツールではなく、一種の守り神でもある。先に触れた中野翠も「森茉莉や澁澤龍彦が並んでいるんだから、そこだけは優雅」な本棚を「祭壇」と評した。私なら梶井基次郎『檸檬《れもん》』とか、庄野潤三『夕べの雲』、『谷川俊太郎詩集』、洲之内徹『気まぐれ美術館』など、何度も読み返して来て、もうさらに読み返すことはないだろうとしても、最後の最後まで本棚に残し、共に生きていくだろうと思う。

『蔵書の苦しみ』刊行がもたらしたサプライズ

じつは、光文社新書版を出したことでおもしろいことがあった。私が懇意にしている、東京・西荻窪の「古書　音羽館」に、思い切った大量処分をした経緯を書いた文章がある。これを読んだ方々が、その後、買い取りを音羽館に依頼したと聞く。そんな中、買い取りの依頼を手紙でしてきた人がいた。しかし、場所が伊豆の下田だという。聞くと、学校の先生をしていらして、売りたい本は歴史、文芸など堅め、古めの本。ご本人は大事に愛読されてきたのだろうが、おそらくあまり値がつかない。

店主の広瀬さんとしては、そのために店を一日空けて、ガソリン代と高速料金を支払ってまで遠出する手間ひまを考えると利は薄く、躊躇していた。その話を聞いて、私が提案した。「ぼくの読者というんなら、内緒でぼくも一緒に買い取りに行くよ。そうしたら、向こうもびっくりするでしょう」と。「なるほど」と広瀬さんはうなずき、「それなら、旅行気分で行きますか」と、酔狂な買い取り日帰り旅に出かけることになった。小山「古本屋ツアー・イン・ジャパン」力也くんに話すと、これまた酔狂な男で、「オレも、行きます！」と言うではないか。

というわけで、古本トリオによる、往復九時間、現地滞在一時間という「どっきりカメラ」的買い取りツアーが、二〇一五年四月に敢行された。プライバシーがあるので詳述できないが、移動、移動、ただ移動の一日となった。伊豆まで行きながら、観光もご当地グルメも食さず、温泉へも入らず、ただ本を積んで帰ってきたのだ。

しかし、依頼のあった男性の家に着いて、車から降りた私が「岡崎武志です」と名乗った時の驚きの顔には、してやったりと満足させられた。まさか、自分が読んだ本の著者が、前触れなしに突然訪ねて来るとは、誰も思わないだろう。テレビ東京で平日昼間に放映中の、タレントがいきなり家を訪ねて行って「あなたのご飯見せてください」と言い出すロケ番組「昼めし旅」みたいだ。

本が出て、インタビューを受ける、書評が出るなどのリアクションはあっても、こういうかたちで、読者の反応があって、直接お目にかかるというチャンスはめったにない。私としては盛り上がったし、楽しいできごとであった。『蔵書の苦しみ』刊行がもたらした、ちょっといい話というところか。

モンガ堂のその後

本編に登場していただいた富永正一さんは、二〇一二年九月十五日、青梅街道沿いの杉並区桃井四丁目に「モンガ堂」をオープンさせた。このとき六十二歳。遅い古本屋デビューである。そのかわり、と言っては何だが、新人らしからぬ落ち着きで、ずっと前から古本屋さん、という顔をしている。

二〇一七年九月には開店五周年となる。そこで、古本屋を始めて、いったい蔵書は減ったのかどうか、をうかがってみた。結論としては「家の中の本は多少減りました」ということであった。古書組合にも加入せず、自前の蔵書を商品にしてのスタートだったから、当然ながらそうなる。

古本屋開業前の自宅は、長年の本好きが嵩《こう》じて、家中本だらけだったという。妻と娘からは「何とかしてくれ！」と言われ続けてきた。「古本屋を始めることで、確実に蔵書は減るはずだと確信があった」と言う。

ただ、いざ開店してみたが思うように本が売れない。現在借りている店舗は、ビルの一階にある路面店で、約十坪というそこそこの広さがある。そこだけ見ると条件はいいのだが、いかんせん最寄り駅「西荻窪」まで、歩いて十五分ぐらいかかる。

何かのついでに寄るという感じではなく、わざわざ足を延ばして「モンガ堂」を目指して行くということになる。

路面店の十坪で、家賃が月十万円と格安なのはよかったが、人の流れが悪く、なかなか集客に結びつかないのが小売業としてはつらいところ。その家賃ぐらいしか売上げがない月もあり、結果的に古本屋の営業は「道楽として時間を買っている」気分だという。

建設会社の技術畑で四十年勤務したおかげで、年金生活に入り、暮らしに困ることはなく、考えようによっては損をしなければいいとも言える。しかし、商売人としてはどうか。それだけで食べている多くの同業者にとっては、モンガ堂さんは「甘い」だろうが、そのあくせくしない風情が、客を慰安させている部分もあるにはあるのである。

「始めて一年ぐらいは、知り合いのお客さんがけっこう来てくれて、売上げもあったんですが、二年目からキツくなりました。買い取りのことを何にも知らず、最初はどんどんお客さんから本を買っていたんですが、本を詰めた段ボールがどんどん増えて来て、収拾がつかなくなってきた」

店の奥に一坪分、バックヤードを取って、そこに在庫を置いているのだが、もはや満杯だ。

富永さんの場合、家と店のほかに、トランクルームを借りて本を置いている。本編にも書いたが、千葉にある倉庫会社で、二つ借りているという。これが一室九千円弱、毎月、借り賃がかかっている。

「もう借り始めて十年になりますが、最近はまったく行ってません。ひと一人分通れるスペースを作って、あとは床から天井まで段ボールが積んであるんですが、奥の方はすでに取り出せない。閉め切っているから、湿気でカビが生えていないかと、ちょっと見るのが怖いです」

いや、それは何とかしましょうよ、と言ってみたが、眉を八の字にして、富永さんは静かに笑っているだけだった。

店は三年ごとの契約で、来年二度目の更新がある。「もう一年やってみて、その先のことを考えることになるでしょう」と言う。つまり、店を閉める可能性もある、ということだ。

「蔵書の苦しみ」からは解放されず、これまで低空飛行ながらなんとか店を維持してきたのは、やって来るお客さんとの会話が楽しいから。「年輩の人がやってきて、『若い時は忙しくて本が読めなかったけど、今、ようやく時間ができて本が読める。それが楽しくて、いっぱい読みたい』と言われれば、うれしくなって、何とか手助けしたいと思うわけです。本当に、求めている本はさまざまで、『旧かなの本が読みたい』という方がいて、幸田露伴をお勧めしたこともあります」

うれしそうに微笑《ほほえ》む富永さんを見ていて、いい趣味ではないかと思えてきた。ゴルフをしたって、海外旅行をしたって、釣りをしたって、趣味には金がかかる。自分の給料は出ず、千葉のトランクルーム代が毎月二万円近くかかっても、全体として見てトントン、あるいは少し赤字だとしても、それで楽しくお店がやっていけるなら、いいのじゃないかと思えてきた。

富永さんへの再取材から得た教訓は、古本屋を始めても蔵書は減らないということ。むしろ、店売りするための仕入れのために、本は増えていくのが実状だ。それに、近くならまだしも、遠隔地にトランクルームを借りても、死蔵させるだけで経費だけ嵩むということであった。「蔵書の苦しみ」からの解放の道は遠い。

あとがき

二〇〇七年に光文社新書から刊行された『読書の腕前』に続く、「本」ばなしの第二弾である。編集担当は同じく、光文社の森岡純一さん。前回が「読書術」なら、今回は「蔵書術」ということになる。楽しんでいただけただろうか。

多少は、蔵書の「整理術」として役立つよう心掛けたつもりだが、なんだか本が増えて困っていると、ぼやいてばかりのところもある。ブームになった「断捨離」とは、しょせん縁なき衆生だから仕方がない。

いちばん問題なのは、当の私が、蔵書を減らしてすっきりしたいと思っているのかどうか、本当のところは、よくわからないということだ。いや、このままではいけないと思っている。そのために、この本を書いたのだ。同じ悩みを持つ方々へ向けて筆を執ってはいるが、半ば以上、自分に言い聞かせるために書いたようなところがある。

本書で引用した本が、ゲラのチェック時に、けっきょく部屋で見つからず、図書館へ借りに行くというのも再三あったし、つい最近、この本を書くためにメモを取っていたネタ帳が、積みあがった雑誌のなかから発見された。再校ゲラが出た後だから、すでに遅し。まったくもって、「バカがこんがらがった」（古今亭志ん生）ような始末だ。

本書の元になった原稿をメールマガジンに執筆の最中にも、いろんな人に「蔵書の苦しみ」について語り、また、相手からも困った話を聞いてきた。その結果、わかったことは、「本が増え過ぎて困る」というぼやきは、しょせん色事における「惚気《のろけ》」のようなもの、ということだ。「悪いオンナに引っかかっちゃってねえ」「いやあ、ぜいたくなオンナで金がかかって困るのよ」、あるいは「つまらないオトコでさ、早く別れたいの。どう思う？」など、これらを本気で悩みとして聞く者はいない。そして「苦しみ」は多分に滑稽でもある。救いは、この「滑稽」にある。だから、「蔵書の苦しみ」については、他人に笑われるように話すのがコツだ。

聞かされた方とすれば、「自分で蒔《ま》いた種なんでしょう、勝手にしてくれ」と思うしかないのだから。笑いぐらいなけりゃあ、聞いてもらえない。その点、「色事の苦しみ」も「蔵書の苦しみ」も、まったく同じではないか。苦しんだり、悩んだりするのは勝手だが、他人を巻き込まないでほしい。それが本音だろう。

本書は、光文社新書のメールマガジンに、二〇一〇年十月から一二年九月にかけて連載された。今回、再びチェックして、大幅に手直しをした。困ったのは、ゲラを読み返してみると、いわゆる「電子書籍」問題の移り変わりがあまりに早く、最初に書いた文章が古くさく見えたことである。いちおう、この間、目につく新聞、雑誌の「電子書籍」関連の記事を切り抜いて、スクラップしてきたが、私のポンコツな頭では理解がついていかないというのが正直なところだ。

ただ、言えることは、電子メディアのツールは、これからも日進月歩で進化、改変されていくだろうが、印刷された紙の束たる「本」というメディアは、不変ということだ。たとえば五十年後、いま最新のスマートフォンやｉＰａｄ、あるいは専用のタブレット端末が、そのまま使われているはずがない。その機能も形態も、大きく変化していることだろう。新しいメディアは、新しいがゆえに「劣化」する。私がこの世から消え去ったのち、果たしてどう「劣化」しているか、想像もつかない。現在流通している機種の「キンドル」など、コード付きダイヤル式黒電話のように、骨董的な価値を持つかもしれない。

その点、「紙の本」なら、五十年後であろうと百年後であろうと、ものさえ残っていれば、軽々とそのまま読める（使われる言葉や表現の変化はあるだろうが）。これまでに出版されたすべての書籍や雑誌が、すべて電子データ化されるとはとても思えないから、「紙の本」でしか残らない情報もあるはずだ。歌手・弘田三枝子のダイエット本『ミコのカロリーＢＯＯＫ』が、電子書籍になる日は来るだろうか。しかも中身の違う新装版もある。どちらか一方だけ、というなら書誌学的に意味をなさなくなる。

なんだか、汽車が通ると牛が乳を出さなくなるからと、鉄道敷設を強硬に反対する明治の頑迷な酪農家みたいな気分になってきたから、これで「電子」化の話はやめるが、「電子」化で、あっさり「蔵書の苦しみ」から解放される人と、意地になって「苦しみ」を溜め込む人に、この先は分かれていくだろう。私がどちらの方か、なんて聞かないでほしい。

あるインターネット調査会社が二〇〇七年に行ったアンケートによると、一般の人が一カ月に読んだり買ったりする本の量は以下の通り。

「一か月の読書量は、雑誌を含めて『1冊から2冊』が40・42％、『3冊から5冊』

が28・39%、一か月の書籍の購入数に関しては、およそ5割の人が『1冊から2冊』、2割弱の人が『3冊から5冊』であることがわかった」

そんな時代に「蔵書の苦しみ」について一冊書くなんて、浮世離れもいいところ。しかし、時代の真芯《ましん》を生きるのは、いつだって「少数派」だ。負け惜しみのような決意を持って、たぶん、この先も「苦しみ」ながらも生きていく。

こんな変なテーマの取材にご協力いただいた方々へ、最後に感謝申し上げます。

平成二十五年六月

岡崎武志

文庫版　あとがき

『読書の腕前』に続く、光文社新書から光文社知恵の森文庫へのトレードである。新書と文庫は、手に取る人の層や書店の扱いが違うようだから、文庫版『蔵書の苦しみ』が、また別の目に触れられる機会となればうれしい。

新書版が出てから四年、出版状況は悪くなるばかりだ。「本が売れない」と、書店員も編集者もつらそうな顔をしている。そんな中、本を溜め過ぎて困ったという『蔵書の苦しみ』なんて、ずいぶん反時代的な内容かとも思うが、読書にはつねに反時代的な側面があり、だからこそ人はのめりこみ、そこから富と栄養分を得ていく。時代が悪くなればなるほど、本の力と読書する意味は必要であり、強まるはずだ。と、これは希望的観測である。

その後の『蔵書の苦しみ』環境については、新章を新たに書き下ろした。そこで触れたが、敬愛する大先輩の紀田順一郎さんが、蔵書をすべて手放したことを知り、ちょっとショックを受けた。私はまだ、「苦しみ」が続いている。一度、さっぱりと蔵書を手放し、一から始めたいという欲が強まってきた。そのとき、中学生の時のように、本が増えていくことが喜びに変わるだろう。

いつか『蔵書の楽しみ』という本も書いてみたい。

新書版の際には光文社の、いつもちょっと眠そうな男・森岡純一さんに、文庫化にあたっては、堀井朋子さんにお世話をかけた。

今年（二〇一七年）に私は還暦を迎えた。その記念として、いい本を作ってもらえた。改めて私も楽しみに読みたいと思う。

平成二十九年十月

岡崎武志

本文デザイン　大久保 学

JASRAC 出 1710828−701

知恵の森
KOBUNSHA

蔵書《ぞうしょ》の苦《くる》しみ

著　者——岡崎武志（おかざき たけし）

2017年　10月20日　初版1刷発行

発行者——田邉浩司
組　版——堀内印刷
印刷所——堀内印刷
製本所——ナショナル製本
発行所——株式会社光文社
東京都文京区音羽1-16-6 〒112-8011
電　話——編集部(03)5395-8282
書籍販売部(03)5395-8116
業務部(03)5395-8125
メール——chie@kobunsha.com

ISBN978-4-334-78730-1　Printed in Japan

78331-0
cう2-1

浦《うら》 一也《かずや》

旅はゲストルーム
測って描いたホテルの部屋たち

アメリカ、イタリア、イギリスから果てはブータンまで。設計者の目でとらえた世界のホテル六十九室。実測した平面図が新しい旅の一面を教えてくれる。

860円

78636-6
cう2-2

浦 一也

旅はゲストルームII
測って描いたホテル探検記
文庫オリジナル

セレブが集う憧れホテルから、海辺のリゾートまで。世界の客室に泊まり、実測図を描き続けてきた著者による、ユニークなホテル探検記の続編。新しい旅の楽しみも発見できる。

840円

78661-8
tお10-1

岡崎《おかざき》 武志《たけし》

読書の腕前

本は積んで、破って、歩きながら読むもの…。ベストセラーの読み方から、「ツン読」の効用、古本屋との付き合い方まで。〝空気のように本を吸う男〟が書いた体験的読書論。

740円

78695-3
tお10-2

岡崎 武志

読書で見つけた
こころに効く「名言・名セリフ」
文庫オリジナル

年間数百冊を読む書評家が、読書で見つけた「生きる勇気をくれる言葉」を厳選。人生の壁にぶつかったとき、心が折れそうになったとき—胸に沁みるユニークなコラム集。

720円

78123-1
cめ1-4

タカコ・半沢《はんざわ》・メロジー

イタリアのすっごく楽しい旅
はじめてでも、リピーターでも
文庫書下ろし

旅行ガイド本には書いてないことばかり起こる国イタリア。だから感動に遭遇できる。イタリア暮らし十六年の筆者が、もっと楽しく、さらに美味しくなるイタ旅をアドバイス。

476円

78005-0
bた2-1

ダライ・ラマ十四世
石濱裕美子《いしはまゆみこ》 訳

ダライ・ラマの仏教入門
心は死を超えて存続する

「重要なことは、毎日意味のある人生をおくること、私たちが心に平和と調和をもたらそうとすること、そして社会に対して建設的に貢献することなのです」（「まえがき」より）。

720円